「奨学金」を借りる前に
ゼッタイ読んでおく本

JN230224

ファイナンシャル・プランナー
竹下さくら

青春新書
PLAYBOOKS

奨学金を借りようかな…と思ったら

奨学金返還に苦しむ若者
奨学金破産
親の連鎖破産も
返還が遅れたために
ブラックリストに載ってしまい…
ウチは家計も厳しいし奨学金を借りて大学に行ってほしいんだけど…
でも…奨学金を借りるのってちょっと怖い気がするなぁ…
そうよね～
でもお隣の△△君は奨学金を借りて大学に行ったそうだけど
奨学金
講義
留学
いま立派な社会人になっているわよね
どうしたらいいかお金のプロに聞いてみようか？
そうね

＊2013年度。日本学生支援機構「奨学金の種類と基礎知識」より

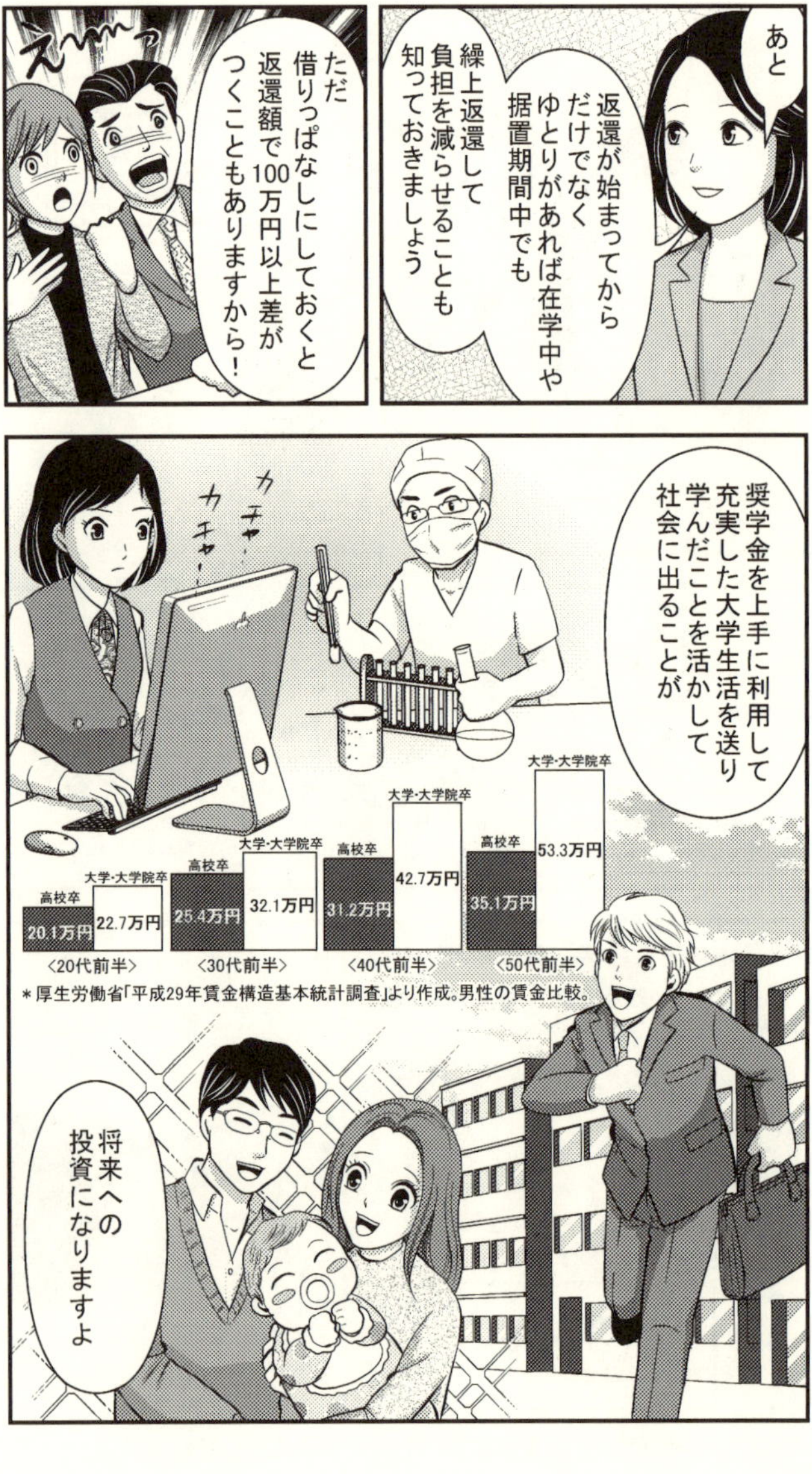
あと
返還が始まってから
だけでなく
ゆとりがあれば在学中や
据置期間中でも
繰上返還して
負担を減らせることも
知っておきましょう
ただ
借りっぱなしにしておくと
返還額で100万円以上差が
つくこともありますから！
えーーっ
奨学金を上手に利用して
充実した大学生活を送り
学んだことを活かして
社会に出ることが
カチャ
カチャ
高校卒
20.1万円
大学・大学院卒
22.7万円
<20代前半>
高校卒
25.4万円
大学・大学院卒
32.1万円
<30代前半>
高校卒
31.2万円
大学・大学院卒
42.7万円
<40代前半>
高校卒
35.1万円
大学・大学院卒
53.3万円
<50代前半>
＊厚生労働省「平成29年賃金構造基本統計調査」より作成。男性の賃金比較。
将来への
投資になりますよ

そのためには奨学金の最新の情報を知っておくこと
早め早めに動くこと
正しい借り方をすること
普段の生活で無駄な出費を見直してちゃんとお金を貯めておくことも大事ですね
竹下さくら
「奨学金」
そのポイントをこの本でわかりやすく紹介します
高校生やその親御さん
すでに大学に通っている学生
大学院進学や海外留学を希望している学生で「奨学金を考えている人」は
ぜひ借りる前に読んでおいてくださいね

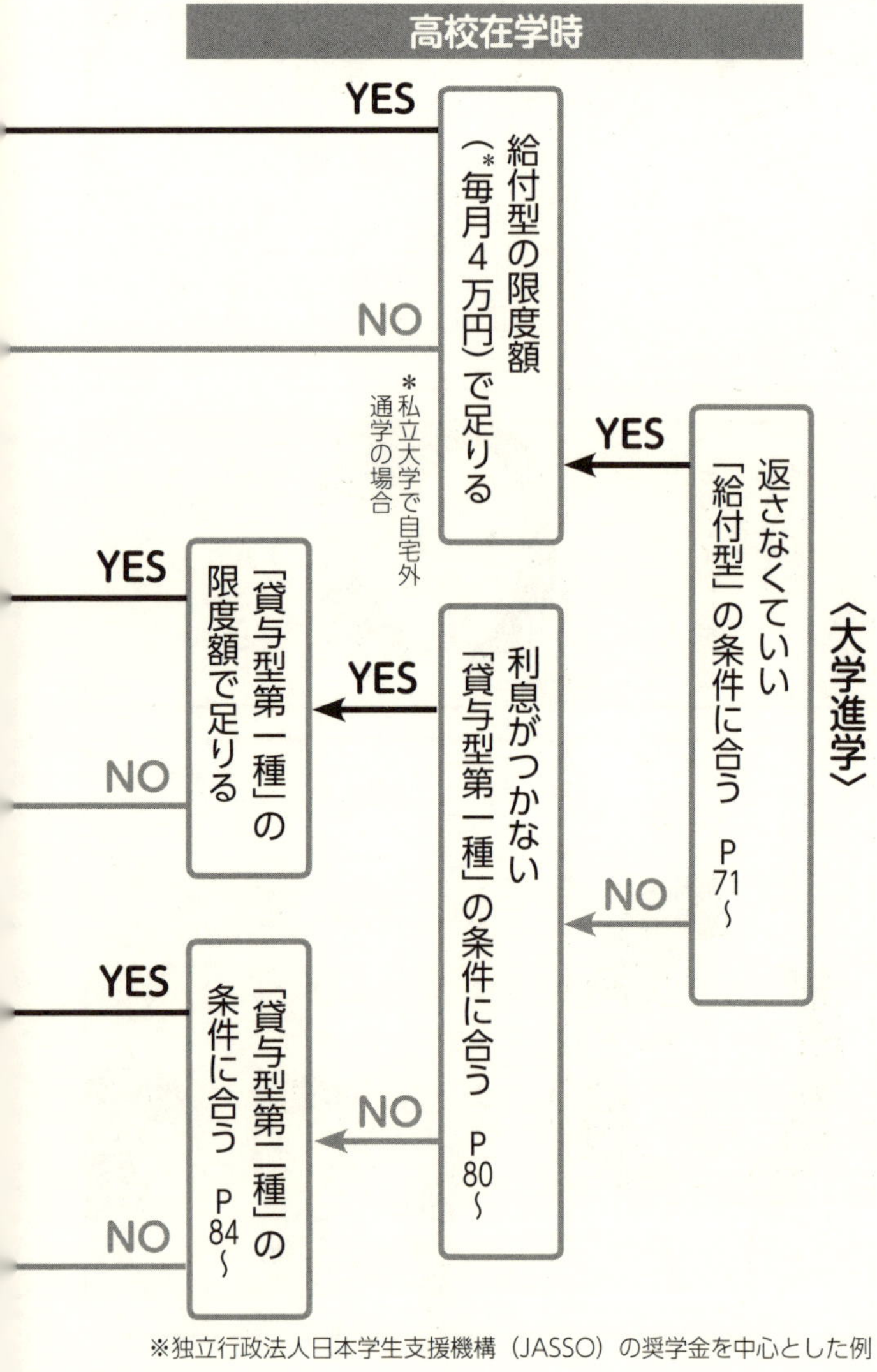

※独立行政法人日本学生支援機構（JASSO）の奨学金を中心とした例

自分に合った奨学金を活用する①（大学進学）

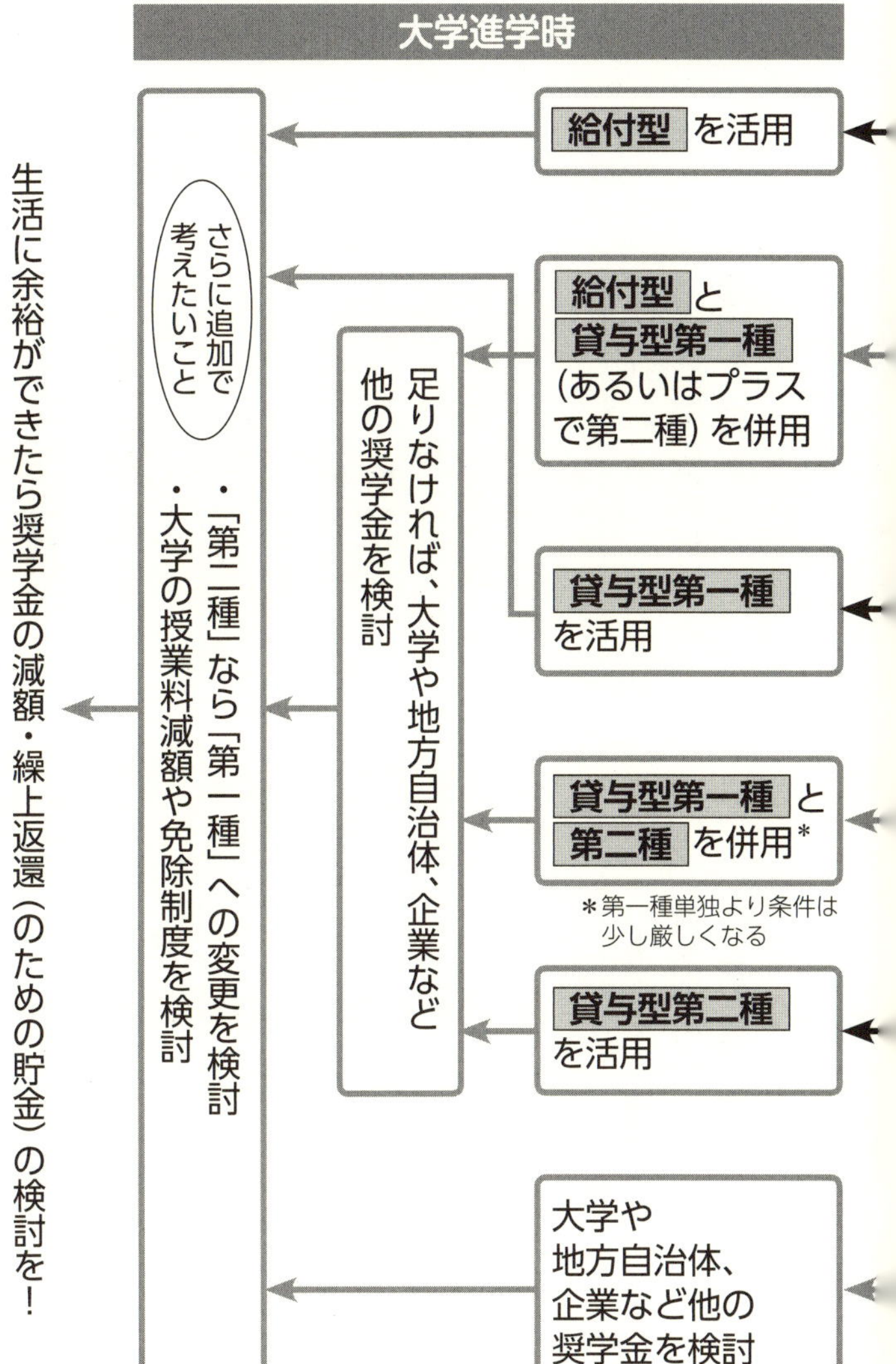

自分に合った奨学金を活用する②
(大学院進学・海外留学)

大学在学時

〈大学院進学〉

大学進学時に備えをスタート

→ 「貸与型第一種」「貸与型第二種」「第一種と第二種の併用」のどれに合うか検討 P184～

→ 「第一種」なら「返還免除制度」の適用を目指す

〈海外留学〉

海外留学の1年半前から準備をスタート

→ 「トビタテ！留学JAPAN日本代表プログラム」をまず検討 P206～

→ 日本学生支援機構の「給付型」「貸与型第一種」「貸与型第二種」を検討 P198～

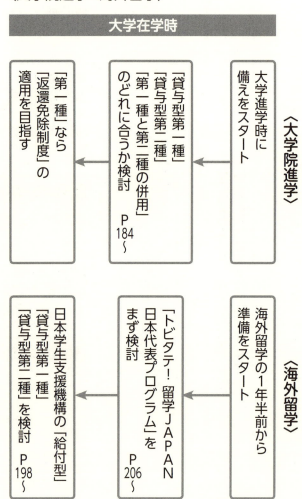

「奨学金」を借りる前にゼッタイ読んでおく本

目次

はじめに――〈マンガ〉奨学金を借りようかな…と思ったら　3
〈チャート〉自分に合った奨学金を活用する①（大学進学）　8
〈チャート〉自分に合った奨学金を活用する②（大学院進学・海外留学）　10

序章

奨学金、知らずに借りると こんなに損をする！

――同じ額を借りても返還で「100万円以上」差がつくことも!?

◇奨学金を借りる前に、これだけは知っておこう　24

知っておくこと1
上手に借りれば「全額を返さなくてもOK！」になる　27
知っておくこと2
給付型の枠が拡大し「もらえる人」が増えている！　29
知っておくこと3
給付型の誤解。「成績が抜群」でなくても受けられる！　34
知っておくこと4
借り方を間違えると利息だけで「100万円以上多くなる」ことが！　36
知っておくこと5
利息がつかない奨学金を「成績に関係なく」借りられるようになった⁉　40
〈Check〉利息ゼロの第一種に関する「根も葉もない噂」に要注意！　41
知っておくこと6
高校3年の4月頃から準備しないと「遅い」ことを知っておく　43

知っておくこと7
「予約採用」で申し込むことの大きなメリットを知っておく　45
知っておくこと8
いくらまでなら将来無理なく返せるか「おおよその目安」を知っておく　48
知っておくこと9
入学金・前期授業料は「奨学金では間に合わない」ことを知っておく　52
知っておくこと10
奨学金以外にも大学進学費用をカバーできる制度がある　55
〈Check〉奨学金は「返還時の取り立てが厳しい」は本当か　56

第1章 奨学金を借りようと思ったら「真っ先にやること」
――同じ条件・学力でも、より有利に借りるための動き方

真っ先にやること1
奨学金を借りるまでのスケジュールを頭に入れる　61
〈Check〉進学後に急きょ奨学金が必要に。そんなときはどうする？　68
真っ先にやること2
借りるかどうか迷っていても予約採用には申し込んでおく　69
真っ先にやること3
「返さなくていい」給付型奨学金の条件を確認しておく　71

真っ先にやること4
給付型で受けとれる金額を確認しておく　78
真っ先にやること5
「利息がつかない」第一種の条件を確認しておく　80
真っ先にやること6
第一種で受けとれる金額を確認しておく　83
真っ先にやること7
利息がつく第二種の条件も確認しておく　84
真っ先にやること8
第二種で受けとれる金額を確認しておく　87
〈Check〉第二種の返還利率は「借り終わった」時点までわからない　88
真っ先にやること9
第一種だけでは足りない場合、第二種との併用を検討する　90

真っ先にやること10
保証人がいなくても借りられる「機関保証」も検討しておく 95

第2章 大学進学にあたってゼッタイ「準備しておくこと」
――意外にかかる進学費用を無理なく準備するために

準備しておくこと1
進学にかかるお金を「いつまでに」「いくら」用意するか 101
準備しておくこと2
奨学金を受けとる前に必要になるお金と工面する手段を調べておく 104
〈Check〉「入学時特別増額貸与奨学金」の利息はどう決まる? 108

準備しておくこと3
実際のところ「大学生活にいくらかかるのか」を知っておく 114
〈Check〉入学後にかかるお金の、できれば「半年分」は貯めておく 117
〈Check〉地方出身者への給付金制度がある私大を狙うという手も 120

第3章 奨学金を「無理なく返す」ために覚えておきたいこと
——いくら借りるか？ 返還方式は？ 将来困らないための基本ルール

無理なく返すポイント1
現実的に無理のない返し方をイメージしておく 127
無理なく返すポイント2
卒業後の収入についてシビアに考えておく 131

〈Check〉大学生活にかかるお金をこう見直す　137

無理なく返すポイント3
生活に余裕ができたら「繰上返還」をして将来の負担を軽減！　140

〈Check〉「スカラネット」と「スカラネット・パーソナル」。
2つの違いを知っておこう　145

〈Check〉奨学金は必要最低限より「少し多め」に借りておく!?　147

無理なく返すポイント4
奨学金を「いつから」返すのかを知っておく　150

〈Check〉奨学金の利率は一般のローンと比べてどのくらい低いのか　152

無理なく返すポイント5
奨学金の種類によって返し方が違うことを知っておく　153

無理なく返すポイント6
返還が難しくなったときの猶予制度を知っておく　160

第4章

大学院進学・海外留学をかなえるために「始めておくこと」

——より大きな夢をかなえるための、上手な奨学金活用法

大学院進学

始めておくこと1

大学院進学にかかるお金を確認しておく　171

〈Check〉法科大学院は3年制で授業料も高め　173

始めておくこと2

大学院向けの奨学金の種類を確認しておく　174

始めておくこと3

大学院向けの奨学金で借りられる額を確認しておく　175

始めておくこと４
入学時にかかるお金を準備しておく　177
〈Check〉大学院進学者は約９人に１人。ただし理工系に絞ると約４割に　181
始めておくこと５
大学院向け奨学金の学力・家計基準を確認しておく　184
〈Check〉大学院奨学金の「返還免除」制度を知っておこう　189
始めておくこと６
大学院向け奨学金の申し込み方法、スケジュールを確認しておく　191

海外留学

始めておくこと１
海外留学向けの奨学金の種類を確認しておく　193
始めておくこと２
留学の準備をいつから、どうするかを確認しておく　195

始めておくこと3
海外留学向けの奨学金の種類を確認しておく　198

第5章

JASSO（日本学生支援機構）以外の奨学金を賢く探す

——上手に選んで、早めに動けば、親も子どももラクになる

◇いま、さまざまな団体が給付型奨学金を提供している　210
1　高校3年時に予約採用で申し込む奨学金の一例　213
2　大学進学後に在学採用で申し込む奨学金の一例　214
3　高校3年時でも大学在学中でも申し込める奨学金の一例　216
4　理系学部限定など特徴的な給付型奨学金の一例　216

※本書で紹介する情報は、とくに断りのないものは2018年3月10日時点のものです。

序章

奨学金、知らずに借りると
こんなに損をする！

——同じ額を借りても返還で「１００万円以上」差がつくことも⁉

◇奨学金を借りる前に、これだけは知っておこう

「奨学金」には「借り方のポイント」がある

いまや大学進学者の約半数が借りているとされる奨学金。大学の授業料、親元を離れて進学するための生活費など、経済的な理由で借りる人がほとんどです。

ただ、理由は同じようでも、借りる金額や期間は人それぞれ。「みんなと同じように申し込めばいいや」とはいきません。

じつは、奨学金には、ちゃんと知っておくべき「借り方のポイント」があります。正しく知っておかないと痛い思いをしてしまったり、大学卒業後の返還（奨学金を返すこと）に苦労したりすることにもなりかねません。

例えば、**奨学金は借り方を工夫することで、ほぼ同じ金額を借りても返還額に数十万円、**

時には100万円以上も差がつくことがあります。

そこで、本書ではこれから奨学金を借りようと考えているみなさんに、まずは、きちんと知っておくべき借り方のポイントをお伝えします。

「在学生」も奨学金を見直すと将来の負担が軽くなる

また、**すでに大学に進学している「在学生」も、奨学金の種類や借りる額を見直したりすることで、将来、奨学金を返還する負担を軽くすることができます**。本書では、そんな在学生にも役立つ奨学金の借り方のポイントもあわせて紹介しています。

奨学金を考えるとき、多くの場合、独立行政法人日本学生支援機構（JASSO《ジャッソ》）の奨学金を借りることになります。

もちろんJASSOの奨学金だけでなく、大学独自の奨学金や地方自治体、企業が提供している奨学金などもあり、それらも巻末で紹介していますが、本書では、まずは最も利用者が多いJASSOの奨学金を借りるときのポイントを中心に説明します。

まずは、奨学金の「基本のキ」を押さえておく

奨学金とは…

①自分（あるいはお子さん）が通っている
「高校を通じて」申し込む制度である。

②「返さなくていい」給付《きゅうふ》型と
「返さなくてはならない」（借りる）貸与《たいよ》型がある。

③「借りる」奨学金には返すときに利息がつくものと
「利息がつかない」（利息ゼロ）ものがある。

④ 返すときの利息には「利率固定」と
「利率見直し」（変動）がある。

「基本のキ」を最初にしっかり押さえておこう

奨学金について、細かいことまで含めて全部をしっかり理解しようとすると意外に大変です。そこで、本書を読み進めていくにあたって、まずは覚えておいてほしい、奨学金の「基本のキ」を上の表に示しておきます。この4つのポイントだけでも頭に入れて読み進めていくことで、奨学金を借りるときに気をつけるべきこと、大切なことがわかると思います。

奨学金の「基本のキ」を押さえたら、奨学金を借りるときに「知っておく」ことについて見ていきましょう。

知っておくこと１

上手に借りれば「全額を返さなくてもＯＫ！」になる

４年間で最大１９２万円まで「もらえる」

奨学金は、大学卒業後に「返還する」（返す）、いわば「借金」です。

ただし、**２０１７年度からＪＡＳＳＯでは「返還しなくてもＯＫ！」、つまり「返さなくていい」奨学金を始めました。**このタイプの奨学金は「給付型」奨学金と呼ばれ、ＪＡＳＳＯだけでなく、**企業や地方自治体、大学なども独自に提供し、徐々に増えつつあります。**

ＪＡＳＳＯの給付型で受けられる金額は、最大で毎月４万円、４年間で１９２万円まで。

給付型を受けるには、71ページで後述しますが、いくつかの条件があります。

ＪＡＳＳＯによると、奨学金（第二種奨学金）を借りた人の平均借入額は約３４３万円、

「返さなくていい」奨学金＝給付型とは

給付型奨学金とは…

優れた生徒で、進学の目的や意思はあっても、
経済的理由により進学が難しい人に、
返還の必要のない奨学金を給付して
進学を後押しする
日本学生支援機構の新しい奨学金制度

・JASSO資料をもとに作成

利息を含めると400万円近くにもなりますが、それを大学卒業後に毎月1万5000円～2万円程度、15～20年くらいをかけて返すのが一般的です。

給付型を限度額（4年間で192万円）までもらえるようになれば、単純に考えて343万円の「半分以上は返さなくていい」ことになります。

もちろん、申し込んだ全員が給付型を受けられるわけではありませんが、家庭の所得水準などの条件をクリアして認められれば、例えば192万円は給付型で受け取り、残りの約150万円を「貸与型」（返す）奨学金で借りることもできるのです。

JASSOは、この給付型を2017年度から新たに始めました。給付型についての詳細は、71ページで説明します。

知っておくこと2

給付型の枠が拡大し「もらえる人」が増えている！

全国で2万人に拡大。5～6月の「予約採用」で申し込む

さて、「返さなくていい」給付型と聞くと、「どうせ成績優秀な人だけのもの」と思うかもしれません。確かに誰もが受けとれるわけではありませんが、その枠は確実に拡大しています。つまり**「返さなくていい」奨学金を受け取れる学生が増えている**ということ。2017年度は試験的に実施されたため、全国で数千人だけを対象としていましたが、2018年度は「2万人」に拡大するとされています。

　それでは、どんな人が給付型を受けられるのか。基本的には家庭の所得水準が高くない世帯を対象とした制度です。

所得水準、学業成績、その人の「人物＝人となり」など、給付型を受けるには、さまざまな条件がありますが、せっかくチャンスが拡大されたのですから、条件が合う可能性がありそうなら、まずは「給付型に申し込む」ことを検討してみましょう。

そして、もしＪＡＳＳＯの給付型に申し込んでみようかなと思う人は、急いでください。奨学金を申し込むには、高校３年のときに奨学金を「予約」して申し込む**「予約採用」**と大学進学後に申し込む**「在学採用」**がありますが、**給付型は予約採用でしか申し込めません。**ＪＡＳＳＯの給付型は「大学に合格してから考えよう」では遅いのです。

給付型と貸与型を「一緒に申し込む」ことも検討

みなさんの中には、給付型に申し込んで、「もし審査に落ちたら、他の奨学金も借りられなくなるのでは？」と不安に思う人もいるかもしれません。安心してください。そんなことはありません。

高校３年のときの予約採用は、５〜６月頃と10〜11月頃の２回あります。給付型に申し込んでみようかなという人は、**５〜６月頃の最初の予約採用で申し込むことを検討**しま

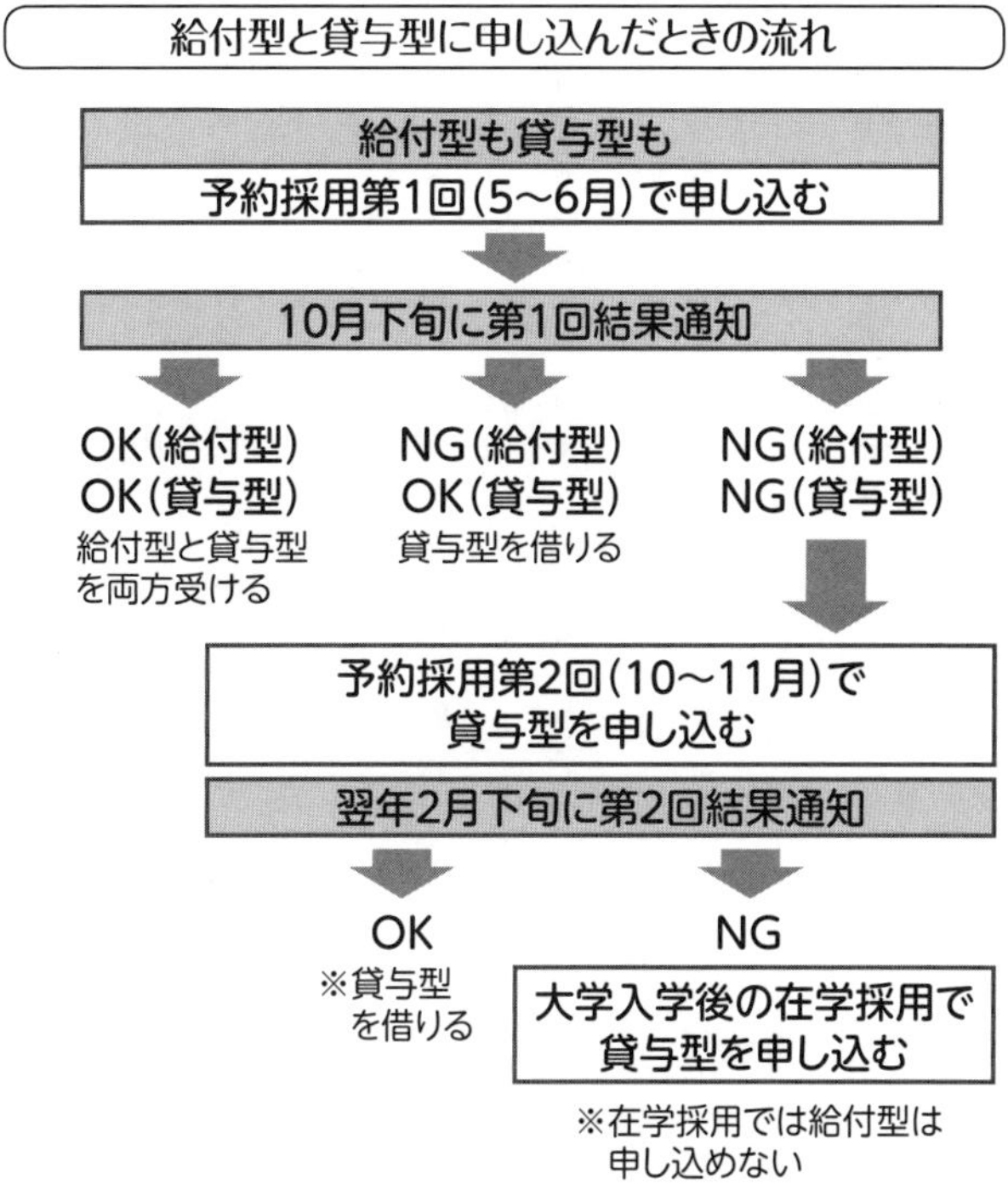
給付型と貸与型に申し込んだときの流れ
給付型も貸与型も
予約採用第1回（5～6月）で申し込む
10月下旬に第1回結果通知
OK（給付型）
OK（貸与型）
給付型と貸与型を両方受ける
NG（給付型）
OK（貸与型）
貸与型を借りる
NG（給付型）
NG（貸与型）
予約採用第2回（10～11月）で貸与型を申し込む
翌年2月下旬に第2回結果通知
OK
※貸与型を借りる
NG
大学入学後の在学採用で貸与型を申し込む
※在学採用では給付型は申し込めない

しょう。申し込んで認められるかどうかは10月下旬の通知でわかりますので、受けられたらそれでOKですし、もし受けられなかった＝認められなかったら10〜11月にかけて実施される第2回の予約採用で貸与型に切り替えて申し込むことができます。

また、「給付型に落ちてから貸与型に申し込むと、最初から貸与型だけに申し込んでいた人と比べて不利になるのでは？」と思う人もいるかもしれませんが、これもそんなことはありません。予約採用では、申し込んだ人全員が平等に、奨学金を受ける条件を満たしているかどうかが審査されるからです。

ただし、給付型を申し込むときには重要な注意点があります。「給付型のみ」を申し込んで「認められた」場合には、あとから「給付型だけではお金が足りないので、貸与型も追加で申し込もう」としても予約採用では追加することはできません。大学進学後の在学採用でないと申し込めないのです。

そこで、給付型を申し込むときの重要なポイントを書いておきます。毎月最大で4万円の給付型だけではお金が足りないかもしれないという人は、**「最初から給付型と貸与型の両方を申し込んでおく」**のです。大学入学後に「貸与型は、やっぱりいいや」と辞退することもできるからです。また、当然ながら、不運にも大学進学がかなわなかった場合には、給付型も貸与型もキャンセルになります。いずれの場合も、キャンセル料や手数料はかかりません。ここが覚えておいていただきたい、特に重要なポイントです。

毎年のように変わる制度。必ず最新情報の確認を

さらに、給付型に限らず奨学金について、数年前に大学生になったお子さんを持つ親御さんたちにアドバイスをもらったり、相談したりする人もいるかもしれません。そんなとき、「うちの子のときは○○だったわよ」とか、「みんな、○○にしていたわ」などといわれても、その情報は古くなっているかもしれません。ここ数年、奨学金制度は毎年のように変わっているからです。

特にＪＡＳＳＯの給付型は２０１６年度まではなかった制度で、２０１７年度に新設されています。そのため数年前に奨学金を借りた人や、その親が知らないこともあります。最新情報をＪＡＳＳＯのホームページ（http://www.jasso.go.jp/）でしっかり確認しておくと安心です。

また、最近ではＪＡＳＳＯだけでなく、大学、地方自治体、企業などによる「返さなくていい」給付型の奨学金も増えてきました。第５章（２０９ページ）で給付型を中心にＪＡＳＳＯ以外の奨学金についても紹介しています。もし、ＪＡＳＳＯの給付型を申し込んで受けられなかった人や、ＪＡＳＳＯの給付型の条件には合いそうもないという人でも、大学・地方自治体・企業などの給付型の中には条件が合うものがあるかもしれません。前向きに確認してみることが功を奏します。

知っておくこと3

給付型の誤解。「成績が抜群」でなくても受けられる！

給付型は「成績優秀者のため」の制度ではない

給付型を受けられるかどうかの判断には、高校時代の成績が関係します。しかし、必ずしも評定平均で「オール5」（5段階評価）などと優秀である必要はありません。むしろ重視されるのは、**家庭の所得水準と、本人が「人物として優れているかどうか」**です。もう一つ、JASSOでは、本人が児童養護施設に入所している、里親のもとから高校に通っているなど「社会的養護を必要とする人」も条件としています。

家庭の所得水準や本人の状況という条件を満たしていて、例えば高校時代に教科外の活動、スポーツやボランティアなどが特に優れていれば、**学校の成績は「概《おおむ》ね満足できる学**

業成績」で大丈夫です。成績優秀な人だけを対象としているのではないのです。

給付型をもらえる人の条件については、71ページで詳細を説明しますが、ここではもう一つ覚えておきたいことがあります。それは、**自分（お子さん）が通っている高校によって「給付型をもらえる人の枠＝人数」があらかじめ決められている**ということ。「学校長の推薦が必要」といった条件もあります。

なかなかハードルが高い給付型ですが、まずは申し込まないことには候補にもなれません。条件を調べて、申し込めそうとなったら、自分（お子さん）が通っている高校の先生に相談してみましょう。

知っておくこと４

借り方を間違えると利息だけで「１００万円以上多くなる」ことが！

貸与型の利息についてきちんと考えておこう

さて、奨学金には、給付型だけでなく、「返さなくてはならない」貸与型があります。

給付型を受けられる人が限られるということは、多くの人はこの貸与型を借りることになります。

ところが、そのとき借り方を間違えると、返還するときに数十万円、ときには「１００万円以上も多く」返さざるをえないケースがあることも知っておきましょう。

なぜ、そんなことになるのか？ **ポイントは、貸与型につく「利息」**です。

貸与型には返すときに利息がつかない＝利息ゼロの「第一種」と、利息がつく「第二種」

があります。この第一種に申し込んで受けられるようになれば、無利息で奨学金を借りられることになりますが、第二種では利息をつけて返還しなければなりません。**第一種で借りるのか第二種で借りるのかによって、返す金額に大きな違いが出てしまう**のです。

例えば、第一種、第二種ともに、毎月3万円を4年間借りたとして、差額がどのくらいになるかを計算してみましょう。

借りる金額は第一種、第二種ともに4年間の総額で（3万円×12ヶ月×4年＝）144万円です。

返す金額は、第一種では利息がつかないので144万円のままですが、第二種では仮に利息を年1％で計算すると総額は約154万3000円になります。約10万円を多く返さなければなりません。

もちろん、奨学金の利率は、毎月1回見直されているため、この例のように1％で固定されているわけではありません。1％より低くなることもありますが、反対に1％よりも高くなることもあります。

JASSOの第二種の返還方式には、返す期間（多くの場合は15〜20年）の利率を固定してしまい、そのまま変更しないで返し続ける「利率固定方式」と、返還期間中におおよそ5年ごとに利率を決め直す「利率見直し方式」があります。

利率固定方式も利率見直し方式も、**利率がいくらになるかは「奨学金を最後に借りる月」に決まります**。大学4年間借りる人なら、大学を卒業する3月に決まるのです。

最近のJASSOの利率がどのくらいなのかを見てみると、ここ数年は1％よりも低いケースがほとんどです。2017年3月末のJASSOの利率（固定）は0・33％でしたが、過去10年間には1・9％にまでなったこともありました。

もし1・9％にもなると、総額144万円を借りた人は、約165万円を返さなくてはならない計算となり、利息だけで約20万円にもなります。

借りる額が多くなると、それだけ利息負担も大きくなる

しかも、この利息だけで約20万円という差額は、毎月3万円を借りた場合です。借りる金額が多くなればなるほど、利息による差額も大きくなります。

第二種を限度額いっぱいの毎月12万円を4年間借りると、総額では576万円借りたことになります。仮に利息が1・9％だと約698万1000円を返さなくてはならない計算

となり、120万円以上も多く返すことになります。

こうした場合には、利息がつかない第一種と第二種を組み合わせて借りる**「併用」**がおすすめです。

例えば、利息がつかない第一種で月額6万4000円を借りて、第二種で月額5万円を借りて毎月11万4000円（※注・借りられる金額の組み合わせ上、ぴったり12万円にはならないため。詳しくは83ページで後述）を4年間「併用で借りる」という工夫をすると、仮に利率が1・9%でも返還額は598万円で、負担が約100万円軽くなります。さらに、給付型と利息がつかない第一種を組み合わせると、返還額をさらに少なくできるのです。

知っておくこと５

利息がつかない奨学金を「成績に関係なく」借りられるようになった⁉

利息ゼロの奨学金が「狭き門」ではなくなった

さて、「利息がつかない」第一種はこれまでにもありましたが、「借りるのに厳しい審査がある」「10人申し込んでも７人以上は落ちる」などといわれてきました。

しかし、それは昔の話。確かに、以前は「狭き門」だったかもしれませんが、２０１７年度から「第一種を借りられる人の枠」が大きく拡大されています。

なぜ、これまで審査が厳しかったのかというと、家庭の所得水準などの条件を満たすことに加えて、「高校時代の成績要件」が審査の対象となっていたからです。ところが、２０１７年度からその「成績要件」が、家庭の所得水準などの条件を満たせば問われなくなりました。住民税非課税世帯、生活保護受給世帯などであれば「成績は関係なし」で、申し込んだ人の「全員が『無利息』で借りられる」ようになったのです。

もし、第一種の条件のうち、家庭の所得水準などの条件を満たしているのなら、利息がつく第二種を検討する前に、第一種をまず申し込むことを考えてみましょう。後ほど詳細は説明しますが、**第一種なら将来、奨学金を返すときに、収入によって毎月の返還額を減らしてもらえる「所得連動型」の返還方式が認められるなど、返還の猶予を受けられます。**利息がつく第二種には、こうした返還猶予が認められていないことからも、第一種を借りることは大きなメリットがあるのです。

Check

利息ゼロの第一種に関する「根も葉もない噂」に要注意！

第一種は、その審査が厳しかったこともあってか、いろいろな「噂」が飛び交うことがありました。「第一種に申し込んで落ちたら、もう他の奨学金は借りられない」「第一種を落ちてから第二種を申し込むと、第二種も借りられないリスクが高まる」など正確とはいえない情報をもとに、それなら「最初から確実に借りられる第二種に申し込もう」と、全額を第二種で借りてしまっていた人もいたようです。

そういった不正確な情報で、安易に奨学金を借りてしまうと、先に書いたように将来、数十万円も多く返さなくてはならなくなってしまうこともありえます。

また、第一種については、きちんと知られていない重要な情報もあります。例えば高校3年（高校等を卒業後、2年以内の人を含む）のときの予約採用で第一種に申し込めなかった人、第一種に落ちてしまった人でも、大学に進学後の在学採用で第二種から第一種に切り替えたり、第一種に再度、申し込んだりすることもできます。**在学中に第二種から第一種に切り替えられれば、借りている額や利率にもよりますが、返済総額で数十万円違ってくることもあります。**

ただし、進学した大学によって在学採用の条件が異なりますので、大学の学生課などの奨学金の窓口で確認するようにしてください。

知っておくこと6

高校3年の4月頃から準備しないと「遅い」ことを知っておく

4～5月の説明会に参加して「予約採用」に申し込む

奨学金について、「進学先が決まって学費がわかってから申し込もう」と考えている人も少なくありませんが、この考えはNGです。奨学金の説明会は毎年4月から5月にかけて、自分（お子さん）が通っている高校で開かれます。新学期が始まると、しばらくして説明会のお知らせが学校から届きます。

もし、「返さなくていい」給付型や「利息がつかない」第一種を前向きに検討するなら、**この説明会に必ず参加して、準備を始める**ようにしてください。

覚えておきたいことは、この時点で「奨学金を借りるかどうか決めていない」人も、「志望校がまだ決まっていない」人も、奨学金を受けることを少しでも考えているのなら、とにかくこの説明会には必ず参加して奨学金の手続きだけは先に始めるということ。

奨学金の申し込み方法には、高校3年のときに申し込む「予約採用」と大学進学後に申し込む「在学採用」がありますが、どちらも同じと思ったら大間違い。

JASSOの給付型は予約採用でしか申し込むことができないことに加え、**「利息がつかない」第一種も予約採用で申し込むことで借りられるチャンスがぐっと広がる**のです（次項で詳述します）。

もう一つ、注意すべきことがあります。学校の先生がお子さんに説明会のお知らせを配布していても、お子さんが「まだ志望校も決まっていない」「奨学金を借りるかどうか親と話してもいない」といった理由で、その開催について、ちゃんと親に知らせないことがよくあります。親は説明会があることを知らなかったばかりに予約採用に申し込めなかったということもありえるのです。

奨学金を借りるなら、本人もその親も「高校3年の4～5月頃」に奨学金の説明会があることを忘れないでください。そして、必ず参加して準備を始めることがとても重要です。

知っておくこと７

「予約採用」で申し込むことの大きなメリットを知っておく

給付型は予約採用だけ。
第一種もチャンスが広がる

さて、ここでは予約採用に申し込むことで、「利息がつかない」第一種を借りられるチャンスがぐっと拡大することを説明します。

予約採用の申し込み締め切りは、高校3年の奨学金の説明会が終わったあとの5～6月頃と10～11月頃の2回あります。ただし、**第一種の予約採用は5～6月頃の申し込みのみ。**高校3年の秋頃になって「第一種を申し込みたい」と思っても「時すでに遅し」です。

まずは、5～6月頃の予約採用で申し込み、認められればそれでよし。もし認められなかった場合には第二種に切り替えて、「とりあえず奨学金を確保」しておくのが得策です。

その後、大学入学後に「在学採用」で第二種から第一種への切り替えを申請することができます。予約採用に申し込むことで、第一種にチャレンジできる（申し込める）チャンスが2回に増えるのです。これが予約採用に申し込むことのメリットの一つです。

予約採用なら全国の高校生が全員平等に審査される

もう一つ、予約採用の最大のメリットは、全国で奨学金に申し込もうという人が、全員「平等に審査される」ということです。

「奨学金って審査条件はみんな同じじゃないの？」と不思議に思うかもしれません。もちろん、「あそこの高校は進学校だから第一種に採用される人が多い」とか、「うちの高校は生徒数が少ないから奨学金の枠も少ない」といったことは一切ありません。みんな平等です。

ところが、大学進学後の「在学採用」では、大学ごとに奨学金を借りられる人の「定員」があります。つまり、大学によって第一種を借りられる人の「有利・不利がある」のです。

もし、進学した大学の先輩たちの中で奨学金の返還の「滞納者が多い」となれば、その大学の在学採用では、奨学金を借りられる人数が制限されることも考えられます。

ぜひ覚えておきたい！ 予約採用のメリット

予算採用のメリット

①「返さなくていい」給付型は予約採用でしか申し込めない！

②「利息がつかない」第一種は、
高3の5～6月頃の予約採用でしか申し込めない！
※10～11月頃の予約採用では申し込めない。
※大学入学後の在学採用では申し込めるが、人数に限りがある。

③予約採用で第一種に落ちても
在学採用でもう一度チャレンジできる！

④申し込んだ人が全員平等に審査してもらえる
※在学採用は大学ごとに人数制限があり、採用枠が多い大学と少ない大学がある。

それに対し、予約採用では高校ごとに採用枠が割り当てられるのではなく、全国で一斉に高校を通じて奨学金の申し込みを受け付け、各個人の家庭の所得水準や高校での学業成績などを確認し、採用か否かを決定しています。

わかりやすくいうと、**予約採用で申し込めば「全員が個人単位で平等に審査される」**ということ。それに対して在学採用の場合は、その「大学にあらかじめ割り当てられている奨学金の採用枠」によって有利・不利が生まれてしまうのです。

この点が、予約採用に申し込むことのもう一つの大きなメリットです。

知っておくこと8

いくらまでなら将来無理なく返せるか「おおよその目安」を知っておく

月5万円を4年間借りたら、毎月いくらを何年かけて返すことになる?

奨学金で気になるのは「返還」です。借入額がいくらまでなら、将来、無理なく返すことができるのでしょうか。これについては、後ほど127ページで詳しく説明しますので、ここでは、JASSOが示している、奨学金の代表的な返還例を次ページの表で紹介しておきます。あくまでも一つの目安として、ざっくりと頭の中に入れておいてください。

これを代表的な借り入れと返還パターンと考えると、**「利息がつかない」第一種では「約260万円を月額1万5000円ほど、15年間にわたって返す」、第二種では「約400万円を月額1万7000円ほど、20年間にわたって返す」**となります。

代表的な返還例

第一種

私立大学で月額5万4000円を4年間、借りた場合(自宅からの通学)

返還総額	月額返還額	返還年数
259万2000円	1万4400円	15年

第二種

月額8万円を4年間、借りた場合(利率0.50%、固定)

返還総額		月額返還額	返還年数
404万5295円		1万6855円	20年
(元金)	(利息)		
384万円	20万5295円		

※ JASSOの「大学・返還例」より作成

これを無理のない借り入れと返還パターンの一つとして考えておくといいでしょう。

授業料・生活費…
大学生活を全て奨学金でまかなうとなると

ただし、月額5万~8万円程度を借りるパターンはあくまでもJASSOが示しているいわば平均的なパターンの一つにすぎません。実際には、大学の授業料と大学生活にかかるお金の大半を奨学金でまかなう人も多くいます。

第2章で詳しく紹介していきますが、JASSOによると、親元を離れて大学に通う学生が1年間に必要なお金は、授業料や通学費、アパートなど家賃なども含めてトータル

JASSOで最大限に借りた場合（併用）の返還例

第一種

私立大学で月額6万4000円を4年間、借りた場合

返還総額	月額返還額①	返還年数
307万2000円	1万2800円	20年

第二種

月額12万円を4年間、借りた場合（利率0.33％、固定）

返還総額	月額返還額②	返還年数
596万2165円	2万4842円	20年

（元金）	（利息）
576万円	20万2165円

①＋②

将来の返還額＝毎月3万7642円

※ JASSO 奨学金貸与・返還シミュレーションをもとに作成

で約220万円です。月額にすると約18万3500円。大学での勉強に力を入れたい学生や課題が多い理系の学生などではアルバイトの時間を確保することが難しく、大学生活にかかるお金の多くを奨学金に頼るケースが多いようです。

その場合には、どのような返還パターンとなるのでしょうか。

第一種を月額6万4000円、第二種を月額12万円借りる併用で毎月18万4000円を4年間借りたときの返還パターンを上に示します。

大学卒業後には、毎月約3万7000円の返還が20年間続くことになります。

大卒の初任給が20万円程度とされる時代

にあって、毎月3万7０００円を返し続けていくのは簡単なことではないでしょう。

こうした数字に直面すると、奨学金はあくまでも借金であり、将来にわたって返還の義務が発生することを再認識するのではないでしょうか。

毎月18万4０００円を借りる人はそう多くはないと考えられますが、奨学金を安易に多く借りすぎてしまうと将来の負担が増えることは間違いありません。アルバイトをする、普段の暮らしでかかるお金を見直すなど工夫して、賢く奨学金を借りる視点が重要です。

知っておくこと9

入学金・前期授業料は「奨学金では間に合わない」ことを知っておく

奨学金が振り込まれるのは入学後。だから入学前の支払いに間に合わない

JASSOによると、国立大学の入学金はおよそ28万2000円、私立大学（文系）で24万3000円、私立大学（理系）で26万2000円、短大で24万6000円です。ざっくり大学入学時には、「25万円前後から30万円近いお金がかかる」と覚えておいてください。

ここで見落としてはならないのは、たいていの大学が「合格発表から2週間以内に払わなくてはならない」といった期限を設定している点です。

奨学金で入学金を払おうと思っても、奨学金を受けとれるのは4月以降で、通常は4月下旬か、遅いときには6月の半ば。入学金の支払い期限にはとうてい間に合わないのです。

入学金も授業料も「大学進学にかかるお金はほぼ全て奨学金でまかなおう」と考えている人は要注意。タイミング的に**入学金や大学1年生の前期授業料を奨学金で払うことはできません**。

そのためにも、**入学金は奨学金とは別に準備をしておくこと**が大切です。

また、入学金や大学1年生の前期授業料以外にも、例えば教科書代、通学定期代、親元を離れて暮らす学生なら部屋を借りるのにかかる費用なども、「奨学金を受けとってから」では遅いといえます。そうした費用も奨学金とは別に考えて、あらかじめ準備しておくことが重要です。

入学金・前期授業料には工面のしかたがある

一方、入学金や入学時に必要なお金について、「奨学金がなくてもなんとかなる」と考えている人も多いかもしれません。

ところが、受験料から入学金、教科書代や住居代などを含めると、じつは200万円以上ものお金がかかることがあります。全国大学生活協同組合連合会（以下、大学生協）

の調査では、入学金などの費用と、出願費用や受験のための移動費用、宿泊費用、教科書・教材の購入費などを合わせると、多い人で約220万円ものお金がかかっていました（101ページ参照）。

繰り返しになりますが、このお金を奨学金で支払うことはできません。

そこで、多くの人が利用しているのが**「学資保険」**や日本政策金融公庫の**「国の教育ローン」**、JASSOの**「入学時特別増額貸与奨学金」**などです。これらを活用して、受験から入学までにかかるお金を賢く準備する方法については、後ほど104ページで説明します。

知っておくこと10

奨学金以外にも大学進学費用をカバーできる制度がある

大学独自の奨学金なども必ずチェックする

この本では、おもにＪＡＳＳＯの奨学金について説明をしていますが、じつは、ＪＡＳＳＯ以外にも、多くの大学で独自の奨学金制度があります。自分が志望校を決める際には、その大学にどのような奨学金制度があるのかも確認しておくのがおすすめです。

また、大学だけではなく、地方自治体や企業による奨学金もあります。全国の国公立大学や私立大学、地方自治体などの奨学金についてはＪＡＳＳＯのホームページで確認できます（http://www.jasso.go.jp/about/statistics/shogaku_dantaiseido/index.html）。

企業が提供している奨学金については、企業側が「〇〇大学の学生のみを対象とする」

というように、大学を限定していることが多いようです。関心がある人は、入学後に大学の学生課など奨学金の窓口で確認してみてください。第5章（209ページ）でも例を紹介しています。

一方、奨学金を受けるだけでなく、**大学進学後に「授業料の減免を申請する」ことで大学生活にかかる経済的負担を減らす方法**もあります。多くの大学では、家計の所得水準や学業成績をもとに、授業料を減額したり免除したりする制度を用意していますので、自分が進学した大学で確認するといいでしょう。

その他にも教育ローンを借りた人であれば、簿記やTOEICなどの資格を取得すると給付を受けられる奨学金などもあります。

Check

奨学金は「返還時の取り立てが厳しい」は本当か

「奨学金破産」がメディアで取り上げられたこともあって、JASSOの奨学金は「返すのが遅れると取り立てが厳しい」といった噂も耳にします。後述しますが、JASSOの奨学金には、例えば将来、返還するときの本人の収入が「年収300万円以下（会社員）」であれば、一定期間、返還を先送りする「返還期限猶予」や、毎月の返還額を半分や3分の1に減らして返還期間を延ばす「減額返還制度」などのセーフティーネットがあります。もし、返すのが難しくなったときには、こうした制度を申請して利用できます（160ページ）。

こうしたセーフティーネットについて相談も申請もせずに、返還が滞ってしまったのにまったく音沙汰なしで、長期間返還しないままで放置してしまうといったことがない限り、取り立てにあうようなことはまずないでしょう。

奨学金は、よりよい大学生活を送るための制度です。ただし、大学卒業後には返還しなくてはならない借金であることも事実。「無理なく借りて、きちんと返す」ためにも、正しい知識と借り方のポイントをしっかり理解しておいてください。

序章「知っておくこと」のポイント

□高校3年の4～5月頃に説明会が開かれ、5～6月頃に第1回の予約採用がある

□「返さなくていい」給付型、「利息がつかない」第一種の採用枠が拡大している

□高校時の「予約採用」で第一種が借りられなくても、大学進学後に「在学採用」で再チャレンジできる

□条件を満たせば、大学在学時に第二種から第一種に変更することなども可能。そうすれば将来の負担が軽くなる

第1章

奨学金を借りようと思ったら「真っ先にやること」

——同じ条件・学力でも、より有利に借りるための動き方序章では、奨学金を借りるにあたって「知っておくこと」を紹介しました。

この章では、実際に奨学金を賢く借りるために、「真っ先にやること」を順序立てて紹介していきます。

真っ先にやること１

奨学金を借りるまでのスケジュールを頭に入れる

高校での説明会には必ず参加。
所得証明書などの必要書類の準備も

最も一般的なＪＡＳＳＯの奨学金は原則として自分が通っている、あるいはお子さんが在学している「高校を通じて申し込む制度」です。奨学金を借りるにあたっては、まず高校で開かれる説明会の日程を確認し、必ず参加することが重要です。

通常、高校3年の4月か5月に在学している高校でＪＡＳＳＯの奨学金に関する説明会が開かれます。

さて、説明会後から本格的に奨学金を借りる準備がスタートしますが、この説明会のあと、5～6月頃に第1回、次に10～11月頃に第2回の予約採用の申し込み締め切りがあります。意外に時間がありません。説明会が開催されるタイミングは高校によって異なりますから、なかには「説明会開催後、2週間程度で第1回の申し込み締め切り」といったこともありえます。

奨学金を申し込むのに必要な書類は、入手するのに意外に時間がかかります。あらかじめ準備できるものは準備しておくようにしましょう。

奨学金の申し込みに必要な書類とは

JASSOの奨学金の申し込みで必要なおもな書類は次の通りです。

・保護者の所得証明書類
・確認書兼個人情報の取り扱いに関する同意書
・スカラネット*(66ページ)申込用紙
・特別控除に関する証明書類(該当者のみ提出が必要)

最初に頭に入れておきたい！ 奨学金のスケジュール

高3年4月	新学期
4～5月頃	説明会
5～6月頃	第1回 予約採用申し込み締め切り
10～11月頃	第1回 予約採用結果通知
11月頃	第2回 予約採用申し込み締め切り
翌年2月頃	第2回 予約採用結果通知
4月	入学式
4月	在学採用申し込み締め切り 進学届・返還誓約書提出（奨学金確定）
5月頃	第1回の奨学金振り込み

・JASSO資料をもとに作成

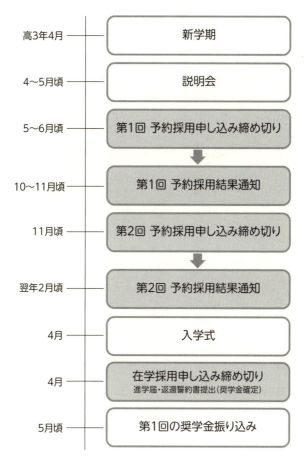

所得証明書に
源泉徴収票などは原則NG

所得証明書は、親や保護者が給与所得者か自営業者かによっても提出する書類が異なります。また、所得証明書には、「源泉徴収票」や「納税証明書」、「確定申告書」などが原則として認められないことも注意が必要です。

そのため、書類をそろえるのに時間がかかってしまうことも考えられます。次の表を参考に余裕を持って準備しましょう。

このほかにも、例えば連帯保証人を立てる場合は、連帯保証人の印鑑登録証明書や所得

注意事項
「源泉徴収票」「特別徴収額の決定通知書」「納税証明書（税務署発行）」「報酬、料金、契約金及び賞金の支払い調書」は原則、証明書類として認められません。
年収見込み証明書を勤務先に依頼する場合、勤務先には「控除前の総支給額（支払総額）から非課税通勤費を差し引いた金額」で作成するよう依頼してください。
控除前の「総支給額（支払総額）」を使用します。証明書類の余白に「海外勤務」と記入。また、日本語以外の言語、日本円以外の通貨で作成されている場合は、簡単な和訳と、申込時点での円換算の計算式を余白や別紙に記入してください。
「確定申告書」「特別徴収額の決定通知書」「納税証明書（税務署発行）」「報酬、料金、契約金及び賞金の支払い調書」は原則、証明書類として認められません。「所得の内訳」の記載が必要になります。
売上、経費が記載され、所得金額が推算できるものが必要。

所得証明書に関する必要書類

親・保護者の収入状況		必要書類	発行元
給与所得の人	(親・保護者が)前年1月1日以前から同じ勤務先	所得証明書(コピーも可)	市区町村
	(親・保護者が)前年1月2日以降に就職・転職した人	年収見込み証明書	新勤務先
		直近3カ月分の給与明細書のコピー ＋ 指定の「収入に関する事情申告書」	
		※上記のどちらか	
	(親・保護者が)海外勤務の人	給与証明書(1年分)	勤務先
		1年間の年収証明書(書式自由)	
		※上記のどちらか	
自営業の人	(親・保護者が)前年1月1日以前から同じ業態	所得証明書(コピーも可)	市区町村
	(親・保護者が)前年1月2日以降に開業した人	指定の収入に関する「事情申告書」＋帳簿等のコピー	市区町村

・JASSO資料をもとに作成

証明書が必要になります。ＪＡＳＳＯが指定する機関保証制度に申し込みをする場合には、奨学金を借りる本人の住民票などが必要になります。これらの書類も準備するのに意外に時間がかかるものです。余裕を持って準備するようにしましょう。

＊スカラネットとは？

奨学金の申し込みや進学届の提出などに使用するＪＡＳＳＯのインターネット情報システムです。スカラネットのログインに必要な識別番号（ＩＤとパスワード）は、在籍中の高校経由で申し込み者に配布されます。

在学採用をあてにしないで動く

大学進学後の４月頃にある在学採用でも、第二種から第一種への切り替えなども含め、第一種、第二種への申し込みはできます。ただ、大学によって採用の枠＝奨学金をもらえる人数が限られている他、入学後すぐの４月半ばには締め切ってしまうところもあります。

奨学金の申し込み時期と種類

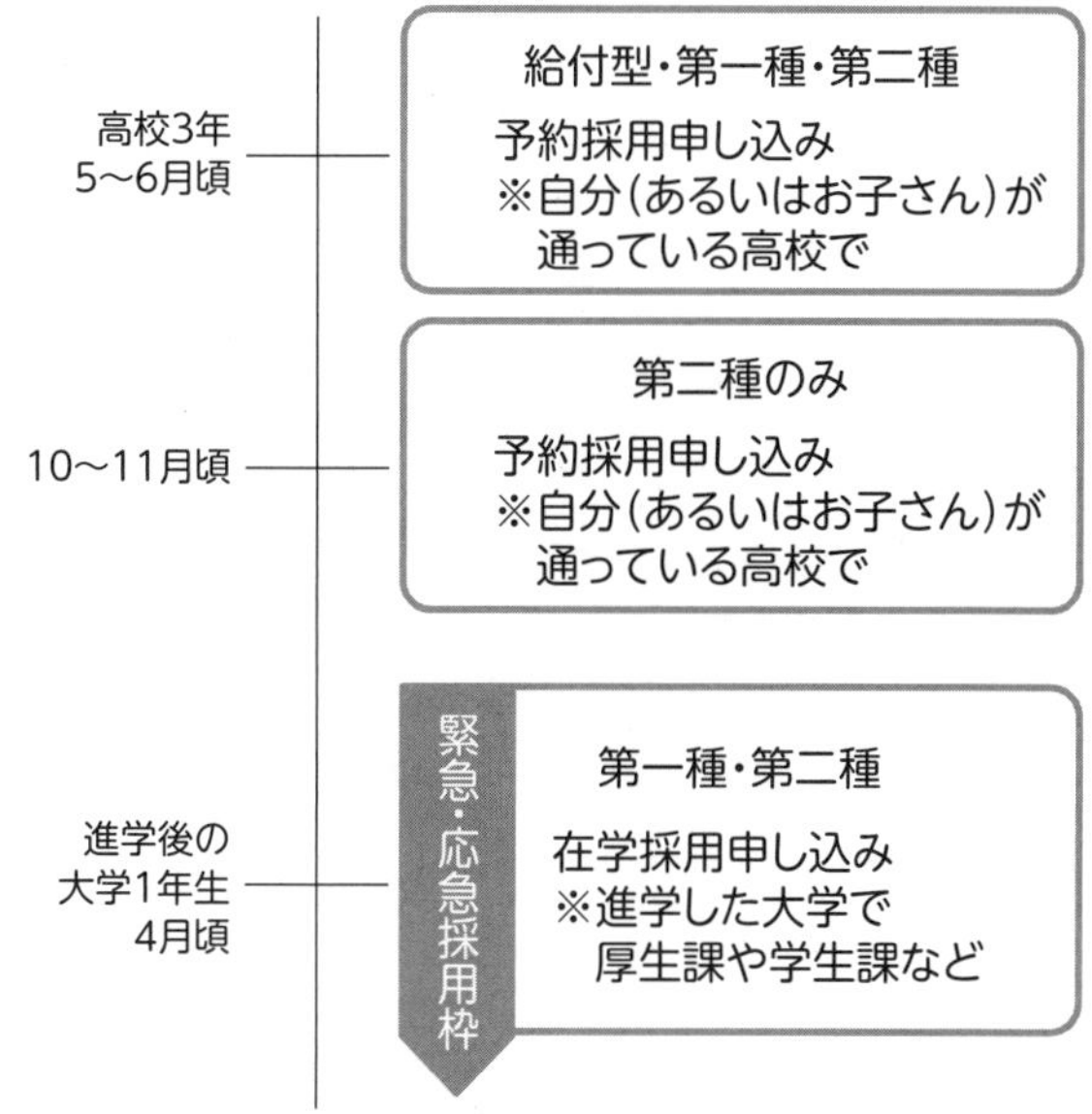

・JASSO資料をもとに作成

奨学金は「大学に進学してから申し込もう」と最初から在学採用を考えるのではなく、予約採用で希望の奨学金を借りられないとなったときの「最後のチャンス」として考えておいたほうが安心です。

上に「奨学金の種類と申し込める時期」をまとめましたので確認しておいてください。

Check

進学後に急きょ奨学金が必要に。そんなときはどうする?

本来は奨学金を借りる予定はなかったものの、進学後、あるいは大学在学中に家族が病気になるなどの家庭の事情で急きょ、奨学金を借りる必要に迫られることもあるかもしれません。**在学採用では、失職・災害等により家計が急変し、緊急に奨学金の必要が生じた場合は、緊急・応急採用を随時募集しています。**

もちろん、緊急な理由がなくても、例えば大学3年から親元を離れて大学に通うことになったなど、さまざまな理由で奨学金が必要になった場合には、在学採用（定期採用）で申し込むことができます。ただし、定期採用で奨学金を申し込めるタイミングは原則として毎年新学期が始まる4月頃です。大学によって申し込み締め切りのタイミングが異なるので、定期採用での申し込みを検討する人は、大学の学生課などの窓口で確認してみましょう。

真っ先にやること 2

借りるかどうか迷っていても予約採用には申し込んでおく

キャンセルや金額の変更は合格後でもOK

さて、奨学金を借りるための大まかなスケジュールを確認したら、次にやることは、迷わず「予約採用」に申し込むことです。毎年4～5月頃に高校で開かれる説明会に参加し、6月頃の予約採用の第1回締め切りに間に合うように奨学金を申し込むことが重要です。

予約採用に申し込むときには奨学金の希望額や返還方法（定額返還方式か所得連動返還方式か、利率固定か利率見直しか）なども決めて申し込まなくてはなりません。

そのため、なかには「志望校も決まっていないので授業料などがどれくらいかかるのかわからない。だから奨学金をいくら借りればいいのかわからない」「返還方法もまだ決め

ていない」などの理由で、あわてて予約採用を申し込むのはやめにして、「合格してから申し込む」在学採用でゆっくり考えてから申し込むという人もいます。

ところが、**予約採用で申し込んだ内容は、最終的に大学入学後に奨学金を借りるための「進学届」を提出するときに「変更可能」**です。つまり、予約採用の申し込みの時点では、借りる額や返還方法を仮に決めておいて、約10カ月後の進学届を提出するタイミングまでに決めればよいということに。

さらに、奨学金の返還方法や、返還するときの利率を固定とするか見直しとするかなどについては、奨学金を借りている間、例えば大学4年の3月まで借りる人であれば、貸与終了の一定期間前までは変更可能です。

また、**予約採用に申し込んでおいて、最終的に「奨学金を借りるのをやめる」、つまりキャンセルしてもキャンセル料や手数料などはかかりません**。

ただ、予約採用の申し込み内容のすべての条件を変更できるわけではありません。詳細はJASSOのホームページなどで説明されていますが、「奨学金の辞退（キャンセル）や借り入れる金額、返還方法などは変更できる」と覚えておきましょう。

真っ先にやること３

「返さなくていい」給付型奨学金の条件を確認しておく

給付型を受けられる条件はこの３つ

奨学金には、「返さなくていい」給付型と、将来「返す」貸与型があることは説明しました。

そこで、まずは自分が「給付型を受けられるか」を確認しましょう。給付型の条件は、ＪＡＳＳＯのホームページで確認できます。ここでは大切なポイントのみ説明します。

給付型を受けられる条件は、大きく**「家計の所得」・「学力」・「人物」の３つ**です。

☆条件1——家計の所得

住民税非課税世帯であること

まず重要なのは家計の所得水準です。

具体的には「住民税が非課税の世帯」、または「生活保護を受給している世帯」であることが条件。受験生の親や保護者であれば、自分の家が住民税非課税世帯や生活保護受給世帯であるかどうかはすぐにわかると思います。

大学を受験する本人であれば、親や保護者に自分の家が「住民税非課税世帯に該当するかどうか」「生活保護受給世帯かどうか」を聞くなどして確認する必要があります。

もし住民税非課税世帯、もしくは生活保護受給世帯であるなら、給付型を申し込みましょう。

大学を受験する本人が18歳の時点で、児童養護施設や児童自立支援施設などに入所している人、もしくは18歳時点で里親やファミリーホーム（小規模住居型児童養育事業）で養育されている人であれば、住民税非課税世帯かどうか、生活保護受給世帯かどうかにかか

給付型奨学金の概要を知っておこう

対象者		大学・短大・専門学校に進学、高専4年生に進級を予定している人
基準		具体的には以下の要件等に基づいて学校等で基準を定める
	家計要件	・家計を支える人（親や保護者など）が住民税非課税または生活保護受給中 ・社会的養護が必要な人※
	学力要件	・教科の学習で十分に満足できる高い成果 ・教科以外の学校活動で優れた成果を収めており、学習で概ね満足できる成績を収めているなど
給付額		月額2万～4万円 社会的養護が必要な人には入学時に24万円（一時金）

・JASSO 資料をもとに作成

※ 18 歳時点で児童養護施設などに入所または里親などのもとで養育されている生徒

わらず給付型を受けられる可能性が高いので、申し込みを検討してみましょう。

☆条件2――【学力】成績が問われるが、部活やボランティア活動でも評価

学力や資質の基準では、「十分に満足できる高い学習成績を収めていること」が条件になります。

こう書いてあると成績優秀でないといけなさそうですが、けっしてそうではありません。もう一つの条件として、「教科外の活動が特に優れ、かつ、概ね満足できる学業成績を収めている」というのがあります。

部活動や生徒会・委員会活動、学校行事、ボランティア活動など教科外の活動で特に優れた実績があれば、学業成績は「概ね満足できる」レベルでOKです。成績優秀な人だけを対象としているわけではないのです。

家庭の所得水準を確認し、条件をクリアしていれば、学力については「いまの成績では無理だろう」とあきらめずに申し込むことを検討してみましょう。

ただし、給付型では「進学後に特に優れた学業成績を収める見込みがあること」が条件になっています。つまり、大学進学後に著しく成績がよくない場合には、給付型が打ち切られることも。あわせて停学など給付型を受けるのにふさわしくない行為があった場合には、それまで給付した金額を返還しなければならないことがあることも心に留めておきましょう。

☆条件3――【人物】態度や行動が学生にふさわしいこと

人物については、「学習活動その他、生活の全般を通じて態度・行動が学生にふさわしい」ことが条件になっています。あわせて「将来、良識ある社会人として活動できる見込みがあること」、大学での「修学に十分耐え得るものが認められること」と示されています。

給付型の採用決定までの流れ

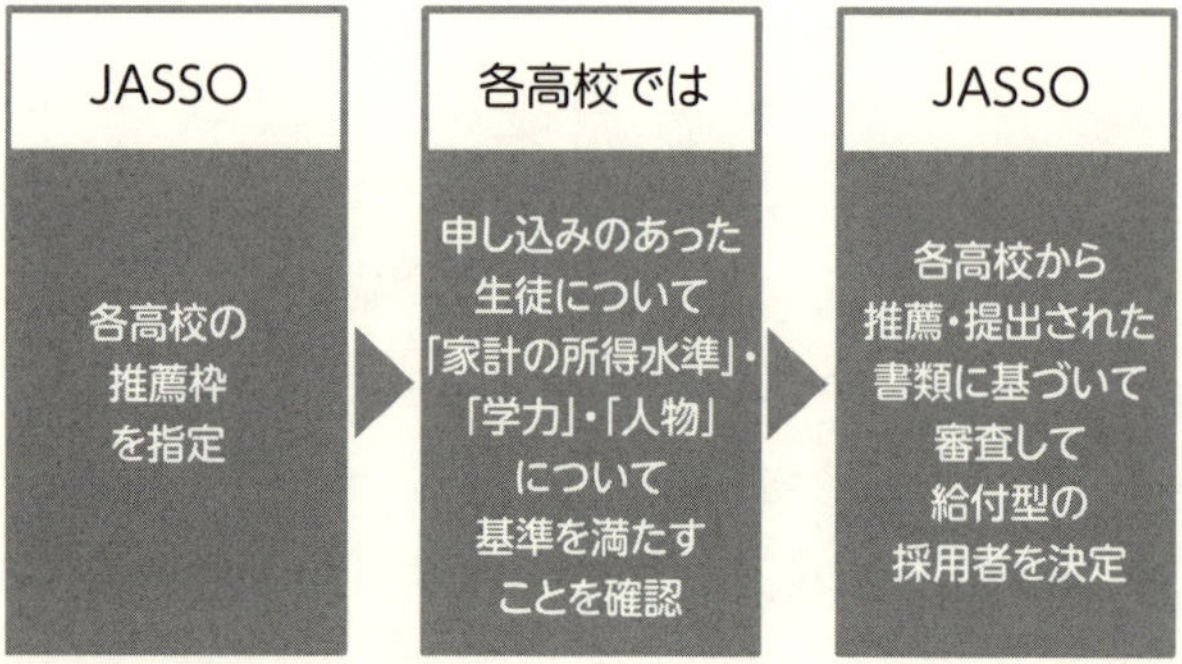
JASSO
各高校の推薦枠を指定
各高校では
申し込みのあった生徒について「家計の所得水準」・「学力」・「人物」について基準を満たすことを確認
JASSO
各高校から推薦・提出された書類に基づいて審査して給付型の採用者を決定

・JASSO資料をもとに作成

「学校の推薦が必須」まずは予約採用で申し込み相談すること

給付型を受けるには、「家計の所得水準」・「学力」・「人物」という条件を満たした上で、**高校の推薦を受けなくてはなりません。**ＪＡＳＳＯでは、全国の高校を対象に「この高校には○○人」というように「推薦できる人数」を指定しています。

「家庭の所得水準」・「学力」・「人物」の条件の中でも、とりわけ「家庭の所得水準」で住民税非課税世帯、生活保護受給世帯であるなら、まずは各高校で毎年5～6月頃から始まる奨学金の「予約採用」で給付型に申し込むようにするといいでしょう。

申し込んだ人の中から各高校が「推薦できる人数」に合わせてＪＡＳＳＯに推薦し、ＪＡＳＳＯがその推薦に基づいて審査して、最終的に給付型をもらえる人が決まります。

前ページに給付型の採用決定までのおおまかな流れを記しましたので参考にしてください。

給付型で受けとれる金額を確認しておく

最大で月額４万円、４年間で１９２万円

給付型を受けることができる場合、毎月いくらもらえるのかを確認しておきます。その金額によって、第一種や第二種をどう組み合わせて借りるかなど、奨学金を借りるパターンを考えることができます。

給付型で受けとれる月額は、けっして多い金額とはいえません。給付型だけでは、大学生活を送るのに足りないという人も多いでしょう。給付型と第一種、第二種を併用することを考えておくようにすると安心です。

給付額は、国公立大学・自宅通学で月額２万円、私立大学の自宅外通学で月額４万円です。

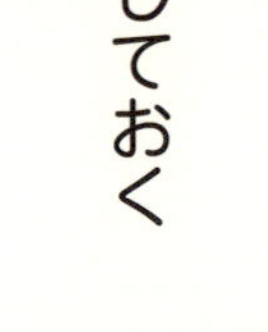

給付型の金額

進学先	国公立大学		私立大学	
月額	自宅通学	自宅外通学	自宅通学	自宅外通学
	2万円	3万円	3万円	4万円

・JASSO資料をもとに作成

それぞれ4年間給付を受けるとすると96万円と192万円、ざっくり100万〜200万円の範囲内で給付を受けられると考えておいてください。

給付型の申し込みを考えている人で、児童養護施設や児童自立支援施設などに入所している人、もしくは18歳時点で里親やファミリーホーム（小規模住居型児童養育事業）で養育されている人など「社会的養護を必要とする人」は、「一時金」として入学時に毎月の給付額とは別に24万円を受けとることができます。もちろん「返さなくていい」給付です。

ただし、一時金は最初の給付額の振り込み時に上乗せして振り込まれます。進学前には振り込まれないので、入学金などに一時金を使うことはできないケースがほとんどです。

「利息がつかない」第一種の条件を確認しておく

第一種の受給枠も拡大中。
給付型や第二種との併用も考えよう

給付型の申し込みを検討したら、次は「利息がつかない」第一種に申し込む条件を調べましょう。

その際、先に給付型を調べて「申し込める」となった人で、家計の所得水準が「住民税非課税世帯」であるなら、第一種を申し込めば「全員」が受けられます。

というのも、2017年度から第一種では住民税非課税世帯、生活保護受給世帯であれば、「高校の成績に関係なく」、申し込めば全員が受けられるようになったからです。

つまり、「返さなくていい」給付型と「利息がつかない」第一種とをあわせて借りられる（併

用できる）のです。

住民税非課税世帯などでない場合の学力基準は？

さて、自分の家が住民税非課税世帯などではないという場合でも、もちろん第一種を申し込むことはできます。

その際の条件は、大きく**「学力基準」**と**「家計基準」**の**2つ**です。

学力基準では、**「高校の全履修科目の平均が3・5以上（5段階評価）」**であることが条件。もし成績が3・5未満の場合、住民税非課税世帯などであれば申し込めますが、そうでなければ第一種を受けられる可能性は低くなります。

また、家計基準では、家計の年間所得の「上限」が、およそ次ページの表のように定められています。

「年間所得」は、父母の収入（給与収入の場合）・所得金額（給与以外の収入）等から特別控除額（ひとり親・世帯主が単身赴任など5ケースに適用）を差し引いた金額のため、いわゆる「年収」とは異なります。この目安を上回っていても、特別控除等によって基準

第一種の家計基準の上限（目安）：年間所得

想定する世帯構成	給与所得者世帯	給与所得以外の（自営など）世帯
本人・父・母（無収入）	657 万円以下（599 万円）	286 万円以下（245 万円）
本人・父・母（無収入）・中学生	747 万円以下（686 万円）	349 万円以下（306 万円）
本人・父・母（無収入）・中学生・小学生	922 万円以下（884 万円）	514 万円以下（476 万円）

・JASSO「平成 30 年度入学者用　奨学金案内（国内大学等予約用）」をもとに作成
・在学採用の場合、基準は、進学する大学が国・公立大学か私立大学か、自宅通学か自宅外通学かによっても変わります。詳細は JASSO のホームページで確認してください
http://www.jasso.go.jp/shogakukin/seido/kijun/zaigaku/daigaku/1shu.html
※（　）は第一種・第二種併用の際の上限

を満たす可能性があります。

逆に、基準を満たしていても、予算の関係などで、必ずしも採用候補者になれるわけではないところが、奨学金制度の難しいところです。

給付型についても、高校ごとに推薦枠が指定されているので、住民税非課税世帯などの人であっても採用されない（落ちてしまう）こともあります。そんなときのことも考えて申し込みを検討しておきましょう。

真っ先にやること6

第一種で受けとれる金額を確認しておく

第一種で借りられる金額（月額）

区分	国公立大学	
通学方法	自宅通学	自宅外通学
最高月額	45,000円	51,000円
最高月額以外の月額（※）	30,000円 20,000円	40,000円 30,000円 20,000円

区分	私立大学	
通学方法	自宅通学	自宅外通学
最高月額	54,000円	64,000円
最高月額以外の月額（※）	40,000円 30,000円 20,000円	50,000円 40,000円 30,000円 20,000円

・JASSO資料をもとに作成
・最高月額は、奨学金申込時の家計支持者の収入が一定額以上の場合は利用できません
※2018年度に大学・短期大学・高等専門学校・専修学校（専門課程）へ進学する人から、第一種の「最高月額以外の月額」の選択肢が増えました

第一種で借りられる金額は、国公立大学や私立大学、自宅通学かそうでないかによって決まる「最高月額」か、もしくは、それ以下の「月額」を選択できます。

真っ先にやること7

利息がつく第二種の条件も確認しておく

第一種で足りない分は
第二種との併用でカバー

第一種には「利息がつかない」というメリットがありますが、それだけに毎月の貸与額には上限があります。上限があるということは、「第一種だけではお金が足りない」という人もいるでしょう。そんなときには、第二種との併用でカバーするという方法があります。

また、給付型も第一種も条件に合わずに申し込めない人は、早めに第二種を借りるための条件を調べておきましょう。

第二種の家計基準の上限（目安）：年間所得

想定する世帯構成	給与所得者世帯（年間の収入金額）	給与所得以外の世帯（年間の所得金額）
本人・父・母（無収入）	1009万円以下	601万円以下
本人・父・母（無収入）・中学生	1100万円以下	692万円以下
本人・父・母（無収入）・中学生・小学生	1300万円以下	892万円以下

・JASSO「平成30年度入学者用　奨学金案内（国内大学等予約用）」をもとに作成

学習意欲さえあれば第二種はたいてい借りられる

第二種を借りるにも**「学力基準」と「家計基準」**があります。学力基準については、わかりやすく記すと、「高校時代の全履修科目の成績が学年平均以上であること」「特定分野で特に優れた資質能力があると認められること」「大学での学修意欲があること」などと示されています。

ポイントは、これらの条件の「いずれか」を満たせばよいということ。つまり、大学での「学修意欲」があり、「学業を確実に修了できる見込みがある」と認められれば第二種の学力基準はクリアできます。**ようするに「やる気」があれば第二種は借りられる可能性が高い**と考えて問題ありません。

年収が約1000万円以下であれば家計基準もクリア

また、家計基準では年間所得の上限のおおよその目安が前ページのように定められています。

いわゆる「年収」と、この目安でいうところの「所得」の違いは81ページに書いたとおりで、年間所得は年収より少ない額になります。

一般的に年収1000万円を超える世帯は全体の約1割といわれています。3人世帯の例で年間所得1009万円以下なら条件をクリアというのであれば、たいていは申し込めば借りられると考えておいていいでしょう。

第二種で受けとれる金額を確認しておく

第二種の金額は、2019年度の入学者用から**2万〜12万円まで、1万円単位の金額から選択**できるようになりました。

借りられる金額に差があると聞くと、家庭の所得水準によって、例えば「年収○○万円以上の家庭の人は、月額5万円まで」というように、上限額が決まってしまうのでは、と思うかもしれませんが、そんなことはありません。

希望する貸与月額の多寡《たか》によって採用されにくい・されやすいということもありません。

第二種で借りられる金額（月額）

進学先	国立・公立大学		私立大学	
大学・短期大学・専修(専門)学校	自宅通学	自宅外通学	自宅通学	自宅外通学
	2万〜12万円の間で1万円単位（平成31年度入学者）			

・JASSO 資料をもとに作成
・私立大学の医・歯学の課程の場合、12 万円に 4 万円の増額が可能です
・私立大学の薬・獣医学の課程の場合、12 万円に 2 万円の増額が可能です

Check

第二種の返還利率は「借り終わった」時点までわからない

低金利のいまの時代、「利息なんてたいしたことはないよ」という考え方もあります。

第二種の返還方式には、返還期間中の利率が固定される「利率固定方式」と、おおよそ5年ごとに利率を見直す「利率見直し方式」があることは前述しましたが、どちらの方式を選んでも、**利率が決まるのは「貸与終了時」**です。

つまり、**4年間借りる人なら大学4年の終わりに決まる**ということ。JASSOの第二種の利率は年3・0％が上限と決められていますが、利率がどうなるかは、奨学金を申し込む時点ではわからないということなのです。「低金利なんだから、第一種で借りても、利息がつく第二種で借りても返す金額に大差ないよ」と安易には考えないほうがいいでしょう。

次に、参考までに第二種を月額12万円で4年間、総額で576万円借りた場合に、利息によって返還額がどれくらい違ってくるのかを図で示しました。利率を2017年3月実績の0・33％、過去10年間で最高だった1・9％、JASSOの利率の上限である3・0％での比較です。参考にしてください。

第二種を月額 12 万円で 4 年間借りたとき

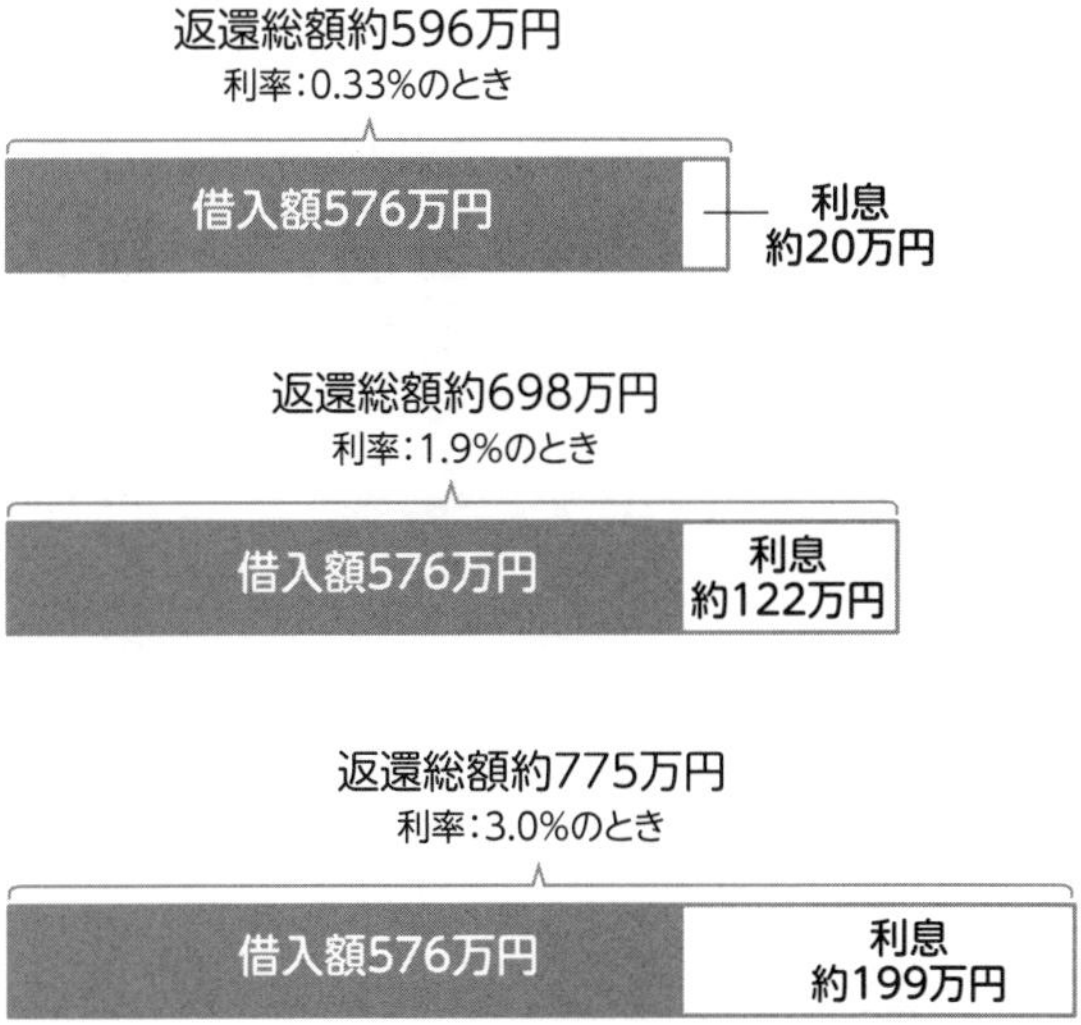

・JASSO 奨学金貸与・返還シミュレーションをもとに作成

真っ先にやること 9

第一種だけでは足りない場合、第二種との併用を検討する

給付型、第一種と検討して、無理なら第二種との組み合わせを

利息がつかない第一種は、４年間で借りられる金額に上限があります。私立大学・自宅外通学の場合で月額６万４０００円、４年間で３０７万２０００円です。

そのため、「この金額では足りない」という人もいるでしょう。そんなとき、最初から「もっと多くの金額」を借りられる「第二種に切り替えて」申し込んでしまう人がいます。

第一種で借りれば利息がつかないなど有利なことはわかっていても、それでは金額が足りないから「手続きも面倒にならないように、全部をまとめて第二種で借りる」というパターンです。これは要注意です。

全て第二種でまかなうと全額に利息がついてしまい、返すときにそれだけ大きな負担になります。**第一種と組み合わせて借りる「併用」を検討するのが賢い借り方**です。

奨学金を借りるなら、まずは「返さなくていい」給付型を検討して、次に「利息がつかない」第一種を借りられるかどうかを検討するというように、**「有利な条件の奨学金から検討する」**ことが、将来返す際の負担を減らす上で重要です。

併用を考えるときは、申し込みのタイミングに注意！

奨学金の併用、つまり組み合わせを考えるときには、申し込みのタイミングもあわせて確認することが大切です。

例えば給付型だけを最初に申し込んでおき、落ちたら第一種を申し込もうと思っていても、10～11月頃の第2回の予約採用では第一種の募集がないので申し込めません。給付型と第一種の併用を考えるなら、予約採用第1回で申し込むようにしましょう。

また、最初に給付型のみを申し込んでおいて認められてから、「やっぱり給付型だけではお金が足りないから、第一種を追加しよう」としても予約採用では申し込めなくなるこ

奨学金の組み合わせと申し込めるタイミング

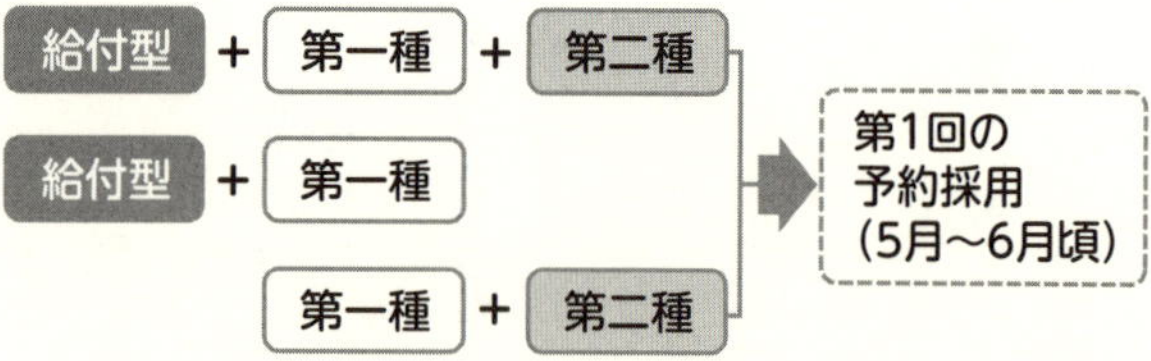

・JASSO、大学生協の資料をもとに作成

とは先にも説明したとおりです。重要なポイントなので繰り返しておきます。

併用に落ちたときの選択肢も用意されている

ただし、第一種単独より、第一種・第二種併用で申し込むほうが家計基準が少し厳しくなります（82ページ）。

予約採用で「第一種と第二種の併用」が認められなかった場合、どうなるのでしょうか。

併用で申し込んで認められなかったら、奨学金を借りられなくなるわけではありません。94ページのような選択肢が用意されています。

第一種だけでは必要な金額をまかなえない場合は、より多くの金額を借りられる第二種に安易に切り替えてしまうのではなく、まずは併用を検討するのが合理的です。

奨学金の組み合わせ（併用）を考えるときの注意点

・給付型は予約採用でしか申し込めない
→大学入学後の在学採用では募集なし！

・給付型と貸与型の併用を考えている人は予約採用第１回（５～６月頃）で申し込む
→大学入学の在学採用では給付型の募集がない！

・「給付型のみ」を申し込んでOKになると、
「第一種や第二種を予約採用では申し込めなくなる＝併用できなくなる」ので要注意！
→大学入学後の在学採用で再度、第一種、第二種を申し込めるが募集人数が少ないこともある！

・第一種は予約採用第１回（５～６月頃）でしか申し込めない
→予約採用第２回（10～11月）では募集なし！

・第一種と第二種の併用を考えている人は予約採用第１回（５～６月頃）で申し込む
→大学入学後の在学採用でも申し込めるが募集人員が少ないことも！

奨学金の組み合わせ（併用）を考えるときの選択肢

・「併用」のみ希望する
　※併用できなければ「借りない」という選択

・併用を希望するが不採用なら「第一種のみ」希望する
　※併用もしくは第一種で借りる、第二種は借りないという選択

・併用および第一種が不採用なら「第二種」を希望する
　※併用も第一種も借りられないときは、第二種を借りるという選択

・併用が不採用なら「第二種のみ」希望する
　※併用が借りられないなら、第一種は考えずに第二種で借りるという選択

真っ先にやること10

保証人がいなくても借りられる「機関保証」も検討しておく

公的機関が「保証人」の代わりをしてくれる制度

通常、何らかのお金を借りるときには「連帯保証人」や「保証人」が必要です。

ところが、奨学金は連帯保証人や保証人になってくれる人がいない場合でも借りることができます。

ＪＡＳＳＯでは**「人的保証制度」**と**「機関保証制度」**を用意していて、奨学金を申し込むときにどちらかを選べるようになっています。

人的保証制度とは、いわゆる両親や保護者、親戚などに連帯保証人や保証人になってもらう制度です。

誰にするかは「進学届」の提出時に選任します。奨学金を借りた本人が返還できなくなったときには、連帯保証人や保証人になってくれた人に返還の義務が発生します。

機関保証制度とは、公的機関（公益財団法人日本国際教育支援協会）に、いわば「連帯保証人になってもらう」制度で、毎月の奨学金から一定の金額を保証料として支払います。

保証料の目安としては、例えば「第二種で月額8万円を4年間借りる」場合、4600〜4700円程度。8万円から4600〜4700円の保証料を差し引いた額が毎月振り込まれることになります。保証料は借りる奨学金の金額によって変わってきます。

この機関保証制度を利用すれば、連帯保証人や保証人になってくれる人がいない場合でも奨学金を借りることができます。

「進学届」提出後は機関保証制度から人的保証制度への変更はできないことは覚えておきましょう。

なお、第一種には奨学金を返す方法として、毎月一定額を返す**「定額返還方式」**と、年収に応じて毎月返す額が決まる**「所得連動返還方式」**があります。

所得連動返還方式は将来、奨学金を返還するときに前年の所得に応じて、その年の返還額を決めていく方法です。毎年の所得に応じて返還月額が変わるため、返還期間は決まっていません。

年収が多くない人であれば、毎月返す金額を少なくできるので返還の負担を小さくできますが、この所得連動返還方式を選ぶ場合には、機関保証制度でなければならない決まりになっているので留意しておきましょう。

第1章「真っ先にやること」のポイント

□4～5月頃の説明会に参加して「予約採用」に申し込む

□親や保護者など家計を支える人の「所得証明書」を準備する

□給付型、第一種、第二種の条件に合っているかを確認する

第2章

大学進学にあたって ゼッタイ「準備しておくこと」

——意外にかかる進学費用を無理なく準備するために

この章では、真っ先に確認して「準備しておくこと」を紹介します。

例えば、奨学金が実際に振り込まれるタイミングを確認しておくこともその一つ。実際に振り込まれるのは入学したあとなので、受験料や入学金、親元を離れる人なら新しい住居の費用、前期授業料などに「奨学金は使えない」と考えておいたほうがいいでしょう。

真っ先に確認しておきたいのは、受験から入学にまでにかかるお金がいったいどれくらいなのか、そして無理なく準備するにはどうしたらいいのか、ということ。そのポイントを説明します。

準備しておくこと１

進学にかかるお金を「いつまでに」「いくら」用意するか

出願・受験料で10万～15万円、入学金で30万円程度が必要に

大学進学に「かかるお金」をまかなうのが奨学金ですが、奨学金が最初に振り込まれるのは４月下旬から５月半ば、遅いときには６月になることも。それまでにも大学受験や入学金、前期授業料などにお金がかかります。

まずは、その「奨学金が使えない」タイミングで、いったいいくらかかるのかを確認しておきましょう。受験から入学までにかかるお金を大きく分けると、「受験料」「入学金」「授業料」「教科書代など」となります。実際には、これに通学定期代や親元を離れて暮らす人の場合には住居費用、さらには日々の生活費などもかかってきますが、それについては

後ほど詳しく説明します。

さて、受験料は、だいたい一つの大学につき3万5000円〜4万円ですが、受験生は、いわゆる「本命」をメインに、ワンランク上の大学にチャレンジしたり、万が一の「滑り止め」を考えたりと、多くの人が複数の大学を受験しています。複数校を受験するとなると10万〜15万円以上かかるのが一般的です。

入学金は、ざっくり25万円前後〜30万円ほどですが、注意すべきは「たいてい合格発表後2週間以内に振り込みが必要」ということ。推薦入試などで合格した場合には、高校3年生の秋頃から翌年1月頃までの振り込みとなることもあります。まずは、まとまったお金として入学金を手当てしておきましょう。

出願から入学までトータルで130万〜200万円にも

そう考えていくと、受験から入学までに、いろいろお金がかかります。大学生協の「2017年度 保護者に聞く 新入生調査報告書」によると、「出願をするためにかかった費用」や「受験のための費用」、入学金や前期授業料、設備費などの「学校納付金」「教科書・教材の購入費」などを合わせると、**国公立大学で平均約１２７万８４００円（自宅生）、私立大学で平均約１４８万４８００円**もかかっています。

これが**親元を離れて大学に通う下宿生になると、**さらにアパートを借りる費用なども加わって跳ね上がります。**国公立大学で約２００万円、私立大学でなんと約２２４万円**にもなるのです。

やはり少なく見積もっても約１３０万円程度、多い人では「２００万円を超えるお金」が「受験から入学まで」に必要になると思っておいたほうがいいようです。

大学への入学手続きは、だいたい3月20日頃が最終的な締め切りですから、遅くともその頃までには、お金を振り込んでおかなくてはなりません。

次項で、大学受験から入学式までを一つのくくりとして、そのスケジュールとかかる費用をまとめています。「奨学金でまかなうことはできない」費用について、どうやってまかなうか、何らかの手立てが必要になります。

準備しておくこと2

奨学金を受けとる前に必要になるお金と工面する手段を調べておく

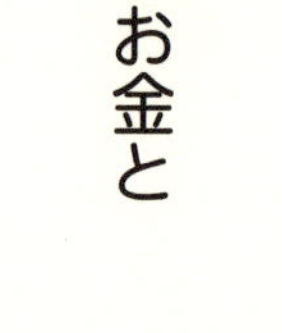

「国の教育ローン」は最短20日かかる。借りるなら早めのタイミングで

出願から入学式までにかかるお金に奨学金が使えないのであれば、多くの人はどのように準備しているのでしょうか。先に紹介した大学生協の調査では、「学資保険に入っていた」人が53・9％と半数以上、「貯金を切り崩した」が35・1％でした。

ただ、学資保険も貯金も時間をかけて積み立てるもの。高校3年になって受験準備が本格化してから、「えっ、150万円も200万円もかかるの？ そんなお金、ない！」と慌てて準備をしても間に合いません。

そんなときは教育ローンを利用することになりますが、まずは、低利な**日本政策金融公**

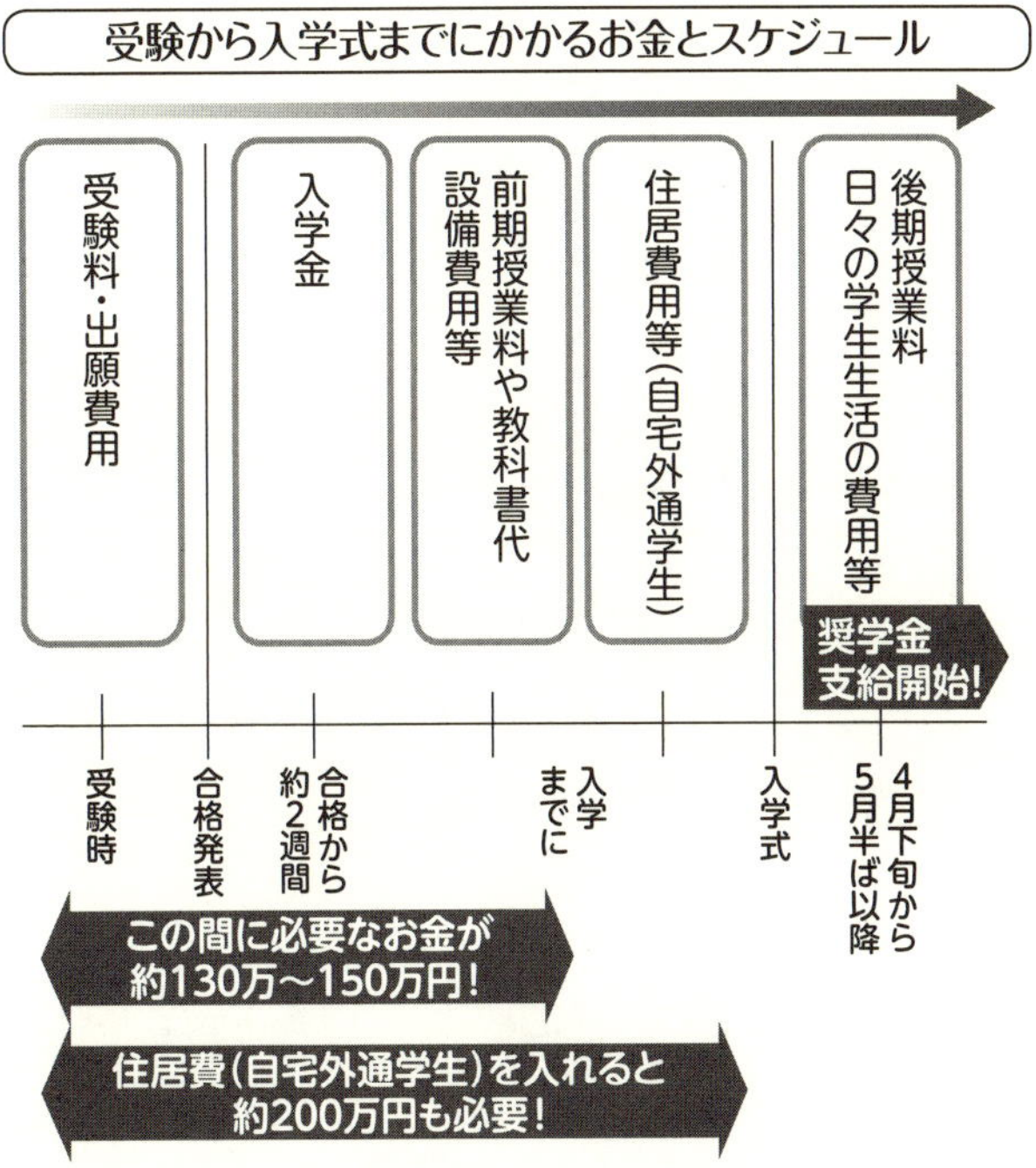

庫の「国の教育ローン」を検討してみましょう。これは大学などに入学、または在学する人の親や保護者が、国から入学金や授業料、通学費などの費用を最大で350万円（海外留学資金の場合は450万円）まで借りられる制度です。しかも、世帯年収200万円以下の人には返済の優遇措置もあります。

　気をつけておきたいことは、「審査に約10日間」、その後、「振り込まれるまでに約10日間」かかる点です。つまり、**申し込んでからお金が振り込まれるまで**

には**「最短20日間」かかる**のです。

合格発表のタイミングにもよりますが、こちらも合格が決まってから慌てて書類を準備して申し込んでいたのでは、間に合わなくなる可能性があります。

しかも、所得水準が上がるにつれて審査が厳しくなる傾向があります。つまり、申し込んでも「落ちる」可能性があるということです。

国の教育ローンは、日本政策金融公庫のホームページからインターネットで申し込むことができるほか、全国にある日本政策金融公庫の支店、銀行、信用金庫、信用組合、労働金庫、農協、漁協などでも申し込みができます。

審査をすませておけば、あとになってからキャンセルもできますし、借り入れる費用を変更することもできるので、日本政策金融公庫では、「余裕を持って2～3カ月前に申し込み」を推奨しています。

国の教育ローンが必要になりそうな人は、遅くとも大学に願書を出すのと同じくらいのタイミングで審査を申し込み、合格発表のときには審査も終えて、「お金がすでに手元にある」状態にしておくのが理想的です。

入学時特別増額貸与奨学金の申し込み条件

第一種または第二種の申込者で下記の条件のいずれかを満たす人
奨学金申請時の家計基準における認定所得金額が「ゼロ評価」となる人＝4人世帯の給与所得者の場合で収入が400万円程度以下。
上記以外の人で日本政策金融公庫の「国の教育ローン」が利用できなかった人

・JASSO 資料をもとに作成

国の教育ローンの審査に落ちた場合の「入学時特別増額貸与奨学金」

国の教育ローンは審査がなかなか厳しいので、「当てにしていたが借りられなかった」という人が、じつは意外に多くいます。もし、国の教育ローンを借りられなかった場合には、**JASSOの「入学時特別増額貸与奨学金」を借りる**というのも一つの手です。

これは、通常の奨学金とは別に「入学時に1回だけ」支給される「貸与型」の奨学金です。奨学金を申し込むときに、10万～50万円を限度に10万円単位で選択して申請できます。

予約採用でも在学採用でも申し込むことができますが、上の表で示すように、「4人世帯の給与所得者で収入が400万円程度以下」か「国の教育ローンの審査に落ちた人」が対象です。

Check

「入学時特別増額貸与奨学金」の利息はどう決まる?

ＪＡＳＳＯの入学時特別増額貸与奨学金は、給付型、第一種、第二種とあわせて借りることのできる「貸与型」の奨学金です。

「奨学金を毎月借りる必要はないけど、入学時だけ一時的に借りたい」という人もいるかもしれませんが、この**入学時特別増額貸与奨学金だけを単独で借りることはできません。**

また、貸与型ですので当然、返還の義務があり、「利息」もつきます。

利率の算定方式は「利率固定方式」と「利率見直し方式」を選択できます。

利率が決まるタイミングと利率算定方式を変更できるタイミングは次ページの表の通りです。

入学時特別増額貸与奨学金の利率は、原則として「第二種の利率（固定／見直し）」に「0.2%を上乗せ」した利率となります。

また、第二種と入学時特別増額貸与奨学金を借りた人は、貸与終了の一定期間前までは、

**入学時特別増額貸与奨学金の
利率・利率算定方式が決まるタイミング**

	利率が決まるタイミング	利率算定方式の変更
第一種と入学時特別増額貸与奨学金	第一種の初回振り込み時	不可
第二種と入学時特別増額貸与奨学金	第二種の貸与終了時	貸与終了の一定期間前まで可能 ※第二種と同様

・JASSO資料をもとに作成

利率固定方式か利率見直し方式かを変更できます。

いつまでに決めなくてはいけないか、そのタイミングは大学ごとに異なりますので、大学の学生課など奨学金の窓口で確認してください。

例えば、大学４年の３月まで借りる人なら、大学３年の10～11月頃までに決めるのが一般的です。

あとから辞退もできるので、予約採用で申し込みだけはしておく

大学生活にかかるお金は、入学金や教材費などを考えると「1年目が最もかかる」といえるでしょう。入学時特別増額貸与奨学金を受給できれば、いちばんお金がかかる1年目の費用負担を少しでも軽減できます。

入学時特別増額貸与奨学金は予約採用のときに申し込んでおいて、受給できるとなっても、最終的に奨学金の申請が完了する大学への進学届けの提出時に辞退することも可能です。

そのため、受験から入学手続きまでにかかる費用の負担を少しでも軽減するために、予約採用のときに申し込みだけはしておくのも一つの方法です。

「入学時特別増額貸与奨学金」と、ろうきんの「入学時必要資金融資」を組み合わせる

ただし、**入学時特別増額貸与奨学金でさえも実際に振り込まれるのは「大学入学後の4**

ろうきんの入学時必要資金融資を申し込める条件

①JASSOの奨学金対象校に合格し進学する人

②JASSOの奨学金振込口座を労働金庫に指定できる人

③親または親権者の住所または勤務先が労働金庫の取扱地域内にある人

④入学時特別増額貸与奨学金の貸与条件（国の教育ローンの融資を受けられなかった世帯の学生であること）を融資申込前に満たしている人

・JASSO資料をもとに作成

月下旬以降」になるので、入学までにかかる費用をまかなうことはできません。そこで、入学時特別増額貸与奨学金を利用する際には、**労働金庫（ろうきん）の「入学時必要資金融資」もあわせて活用**する手があります。

入学時必要資金融資とは、JASSOの入学時特別増額貸与奨学金が振り込まれる4月下旬から5月半ば（遅いと6月半ば）までの間にかかるお金を、「ろうきんから借りることができる」制度です。

借りられる金額は、申し込んだ「入学時特別増額貸与奨学金の範囲内」に限られ、返済も入学時特別増額貸与奨学金が振り込まれたときに利息をつけて一括で返す仕組みです。

例えば、入学時特別増額貸与奨学金を50万円

受験から入学までにかかるお金のサポート制度

国の教育ローン	・学生１人あたり 350 万円まで ・入学金にあてることができる ・収入制限あり ・利息がつく ・審査 10 日、振り込み 10 日の最短 20 日
入学時特別増額貸与奨学金	・第一種もしくは第二種を借りる人が対象の「第三の奨学金」（入学時特別増額貸与奨学金だけを単独で借りることはできない） ・10 万～ 50 万円まで 5 種類から選べる ・入学後の 4 月下旬～ 5 月半ば、初回奨学金と一緒に振り込まれる ・利息がつく
入学時必要資金融資（ろうきん）	・JASSO の奨学金振り込み口座をろうきんに指定できる人 ・親や保護者の住所、勤務先がろうきんの取扱地域内であること ・入学時特別増額貸与奨学金の受給者であること ・入学時特別増額貸与奨学金での貸与額が上限 ・利息がつく ・入学時特別増額貸与奨学金の振り込み後に一括返済
生活福祉資金貸付	・低所得世帯であること ・進学資金として借りられるのは 50 万円程度まで ・必要な時期に振り込まれる ・利息がつく
母子父子寡婦福祉資金貸付金	・ひとり親世帯 ・借りられる金額は大学（国公立）で 38 万円、私立で 59 万円など ・必要なときに振り込まれる ・利息がつかない

※生活福祉資金貸付や母子父子寡婦福祉資金貸付金がありますが、いずれも必要書類を用意して申請し、審査を経て実際にお金が振り込まれるまで最短でも1カ月はかかります。また、書類をそろえて申請する前に、生活福祉資金貸付であれば社会福祉協議会、母子父子寡婦福祉資金貸付金であれば原則、都道府県の窓口への相談、担当者との面談などが必要となることもあるようです。実際に必要なお金が振り込まれるまでには、「2～3カ月程度はかかる」と考えておいたほうがいいでしょう
※ 2018 年 2 月時点の情報をもとに作成

借りようと申し込んだ人であれば、50万円を上限にろうきんから借りることができます。

ろうきんの入学時必要資金融資を利用すれば、受験から入学手続きまでにかかるお金の一部を一時的に借りてしのいでおき、４月下旬から5月半ばに入学時特別増額貸与奨学金が振り込まれたら、すぐに返すという使い方ができます。

なお、ろうきんの入学時必要資金融資を申し込むには、例えば右ページにあるような条件があるため、事前に確認しておくようにしましょう。

準備しておくこと3

実際のところ「大学生活にいくらかかるのか」を知っておく

遠くの国公立大より近くの私大という選択も

さて、ここまでは受験から入学までにかかるお金について説明しました。次は、実際に大学生活が始まってからかかるお金を考えてみましょう。これは入学金、授業料、施設設備費など「学校納付金」＝いわゆる「学費」に関するものと、日常生活を送るための生活費に分けられます。

ＪＡＳＳＯによると大学1年目にかかるお金は、入学金や授業料などの「学費」だけでも国公立大学で約82万円、私立大学（文系）で約１１５万円、私立大学（理系）になるとさらに上がって約１５２万円になります。

まずは大学の入学金と授業料、施設設備費など、いわゆる「学費」がいくらかかるのか

国公立・私立／文系・理系ごとの入学金や授業料など一覧

区分	入学金	授業料	施設設備費等	合計
国公立大学	約28万円	約54万円		約82万円
私立大学（文系）	約23万円	約76万円	約16万円	約115万円
私立大学（理系）	約26万円	約107万円	約19万円	約152万円

・JASSO「奨学金ガイドブック 2018」等から作成

を一覧表としてまとめておきます。

一見すると、やはり国公立大学よりも私立大学のほうが高いことがわかります。ただし、この金額には教科書代、通学定期代、住居費、生活費など新たに大学生活を始めるにあたって必要なお金は含まれていません。

それらを加えると、実際にいくらくらいかかるのでしょうか。

ＪＡＳＳＯによると、昼間部に通う大学生の平均で年間約１８６万円。毎月にすると約15万５０００円です。これが家賃やサークル活動費、飲食費などを含めた大学生の平均的なトータル費用といえます。

その内訳は、学費や通学にかかる費用などが約１１９万５０００円で、生活費が約67万円。学費や通学費で全体の65％といったところです。

ここで考えておきたいことは、入学金や授業料等の合計額

平均的な大学生活にかかるお金（年間）　単位：円

	自宅から通う			
	国立	公立	私立	平均
授業料	502,700	520,300	1,030,300	958,200
その他の学校納付金	11,900	18,500	157,600	137,700
修学費	53,000	52,400	49,100	49,600
課外活動費	42,900	26,600	30,000	31,200
通学費	100,700	106,800	102,400	102,400
食費	102,300	87,300	97,300	97,500
住居・光熱費	…	…	…	…
保健衛生費	34,400	37,600	36,800	36,600
娯楽・し好費	119,400	119,000	131,400	129,700
その他の日常費	132,000	130,300	134,700	134,200
計	1,099,300	1,098,800	1,769,600	1,677,100

	自宅外から通う（アパート・下宿など）			
	国立	公立	私立	平均
授業料	503,300	518,200	1,088,700	868,600
その他の学校納付金	9,600	14,400	178,500	115,000
修学費	48,400	46,400	50,100	49,300
課外活動費	50,700	29,900	31,200	36,900
通学費	11,700	17,800	26,000	21,100
食費	284,700	245,100	255,900	263,700
住居・光熱費	487,500	441,300	429,700	447,900
保健衛生費	36,000	39,100	36,400	36,500
娯楽・し好費	135,800	139,800	143,900	141,200
その他の日常費	146,900	157,400	150,100	149,700
計	1,714,600	1,649,400	2,390,500	2,129,900

・JASSO「平成26年度学生生活調査結果」より作成

だけを比べて「私立は高いからうちは無理！　何がなんでも国立に」というのは、じつは考えものだということです。

　というのも、例えば「自宅から通える私立大学」であれば、たしかに授業料や設備費が高くても、一人暮らしのための家賃や生活費はかからないからです。

　つまり、大学に通うのにかかる費用については、単純に「私立は高く、国立は安い」とは言い切れないということ。「地元志向」で自宅から通える「家賃いらず」の私立大学を狙う、もしくは「地方出身者に手厚い」大学独自の奨学金もあわせて活用するというプランも、大学進学にかかるお金をトータルで節約するという視点からは賢い選択といえるかもしれません。

Check

入学後にかかるお金の、できれば「半年分」は貯めておく

大学生活でかかるお金については、例えば、国公立か私立か、自宅から通うか親元を離れるか、理系か文系かによっても変わってきます。また、授業料や通学にかかる費用などは節約することは難しいのですが、生活費は自分で節約することも可能です。

　入学後の大学生活にかかるお金の平均が月額15万5000円とすれば、**親としては、もし可能であれば、半年分の約90万～100万円は、万が一のときのために貯めておきたい**金額です。

　というのも、最近、せっかく大学に進学したのに大学1年の9月頃に退学してしまう学生が増えているという話を聞くからです。その理由としては、「後期の授業料を支払うことができなかった」というものが多いようです。受験から入学、前期の授業料までの費用はなんとか計算して準備をしたものの、その後の資金スケジュールをきちんと立てて準備をすることが疎《おろそ》かになってしまったことが背景にあります。

　そう考えると、お子さんを大学に進学させるということは、じつはお子さんが小学校に上がった頃から準備が始まる、長い取り組みといえます。将来の大学進学を見据えて、できるだけ早い時期から少しずつでも貯金や積立で用意できれば理想的といえるでしょう。

賢く貯金をするコツ

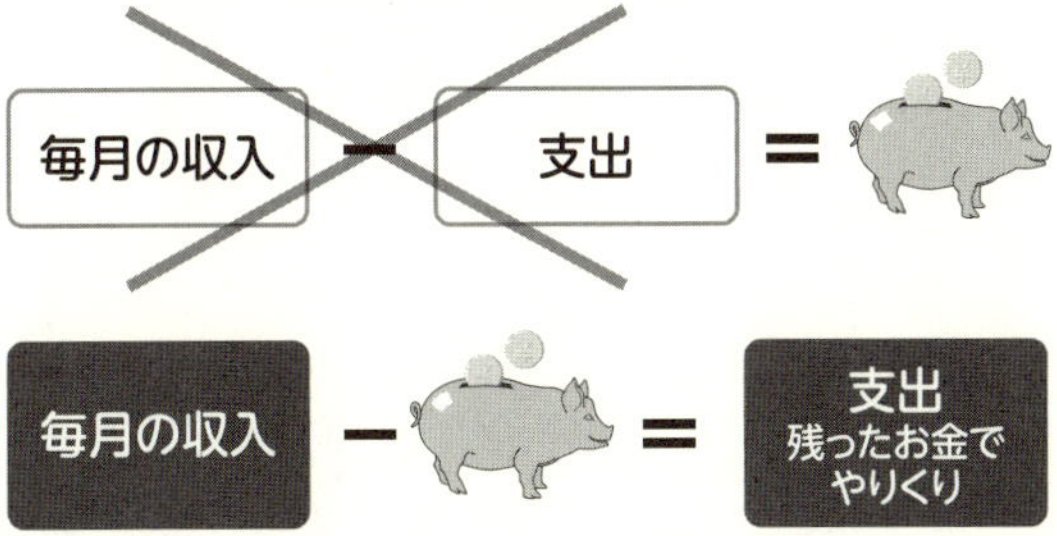

入学してから「半年分のお金」を貯めるコツは?

大学入学後に必要なお金について、できれば半年分を貯めておくことが理想的です。ただし、「貯金をするのが苦手」「お金があるとつい使ってしまう」という人もいるでしょう。どうすれば貯金ができるようになるのか、ワンポイントアドバイスです。

ポイントは、貯金に対する考え方を変えること。通常は、毎月の給料など「収入」から食費や水道光熱費などの必要な支出を差し引いた残額を貯金に回そうと考えます。そこで何とか食費などを見直して貯金に回すお金を残そうとしますが、それではなかなかうまくいきません。

貯金するには、まず合計で「いくら貯めるのか」を決めて、次に「何カ月で貯めるのか」の期間を設定し、目標達成のために必要な毎月の貯金額を計算します。その金額を毎月の収入から引いて、「残った金額＝支出に回せるお金」と考えるのがポイントです。

Check

地方出身者への給付金制度がある私大を狙うという手も

一方、「遠くの国立より近くの私大へ」という選択があるとはいえ、地元の私立大学に必ずしも自分が学びたい学部があるとは限りません。また、将来の就職を考えると、やはり首都圏・大都市圏の大学を希望する人も多いでしょう。もし首都圏・大都市圏の大学への進学を希望するのであれば、各大学が独自に用意している「地方出身者向けの奨学金」を利用することを考えてみてはいかがでしょう。

最近では首都圏・大都市圏の多くの大学が授業料を免除したり、「返さなくていい」給付型の奨学金を用意したり、地方出身者に手厚い奨学金制度を用意しています。

いずれも各大学への願書出願時に予約採用で申し込み、合格後に所定の手続きをすることで、年間30万～100万円ほどの給付を受けられます。

どの大学がどのような奨学金制度があるのかは、JASSOのホームページで確認できる他、自分が目指す大学のホームページでも確認できます。

ここでは、その一例を紹介しておきます。

大学独自の奨学金や地方自治体の支援制度などをうまく利用すれば、私立大学でもトータルの費用を国公立大学に通うよりも低く抑えられるケースもあるかもしれません。

また、昼間は大学内の大学事務局などで働きながら、夜間に大学で学ぶことを前提とした奨学金を用意している大学もあります。

志望校がある程度、定まってきたら、**その大学にどのような奨学金があるのか、それを借りるための条件はどうなっているのかなどを調べて**、入学金や授業料だけでなく、通学費や生活費、家賃などをトータルで考えて、どういった選択が自分にとってベターなのかを考えることが大切です。

大学独自の給付型奨学金は、高校3年の秋に申し込み（予約）を締め切るところも少なくないため、早め早めの対策が功を奏します。

■神奈川大学
「予約型奨学金」

・おもな条件
高校卒業見込みの人で、高校の成績が一定の基準（評定平均 4.0 以上）を満たし、神奈川県・東京都（伊豆・小笠原諸島を除く）以外の高校に在籍。自宅所在地が神奈川県・東京都（伊豆・小笠原諸島を除く）以外の人。
・給付額
文系学部で年額 40 万円、理系学部で 50 万円。
www.kanagawa-u.ac.jp/campuslife/scholarship/overview/

■立命館大学
「近畿圏外からの入学者を支援する奨学金」

・おもな条件
出願者および学費負担者の住民票の住所地が近畿圏（京都府など 2 府 4 県）以外の都道県に所在する人。
・給付額
年額 30 万円。
https://ritsnet.ritsumei.jp/fee/scholarship/prescholarship.html

その他にも、首都圏では明治大学、青山学院大学、立教大学、中央大学、法政大学のいわゆる「MARCH」をはじめ、明治学院大学、成蹊大学などが、地方出身者を対象とした給付型の奨学金を用意しています。

※ 2018 年 2 月時点の情報をもとに作成

大学独自の「地方出身者向けの奨学金」の一例

■早稲田大学
「めざせ！都の西北奨学金」

・おもな条件
首都圏（東京都・神奈川県・千葉県・埼玉県）以外の国内高校出身者

・給付額
半期分の授業料（約60万～80万円）免除。
https://www.waseda.jp/inst/scholarship/aid/programs/pre-approved/

■慶應義塾大学
「学問のすゝめ奨学金」

・おもな条件
日本国内（東京都・神奈川県・埼玉県・千葉県を除く）の高校出身者で、全国の道・府・県をブロック単位に分け地域ブロックごとに選考し、地域の偏りなく採用。

・給付額
年額60万円（医学部は90万円、薬学部薬学科は80万円）。

www.gakuji.keio.ac.jp/life/shogaku/gakumon.html

■学習院大学
「目白の杜（もり）奨学金」

・おもな条件
一般入試で受験する1都3県（東京・神奈川・埼玉・千葉）以外の高校を受験年度に卒業見込みの人。

・給付額
入学年度に100万円を給付。
https://www.univ.gakushuin.ac.jp/life/scholarship/about/original.html

第2章「準備しておくこと」のポイント

□受験から入学までに「130万～200万円程度」かかることを知っておく

□その間はまだ奨学金を受けとれないので、必要であれば「学資保険」「貯金」「国の教育ローン」などで準備する

□後期授業料の支払いも考えて、他の資金調達の制度、大学独自の奨学金制度などを調べておく

第3章

奨学金を「無理なく返す」ために覚えておきたいこと

――いくら借りるか？　返還方式は？　将来困らないための基本ルール

この章では、将来、奨学金を返還することを考えて、返すのに苦労しないために真っ先に考えておきたい「無理なく返すポイント」について説明します。

そのポイントを理解した上で、将来の返還イメージをおおまかにつかみ、「いくら借りるか」、そして「いくらずつ返すのか」を具体的に検討するようにして、無理のない借り方と返し方を考えてみましょう。

無理なく返すポイント１

現実的に無理のない返し方をイメージしておく

毎月いくらくらいなら「無理なく」返せるか？

奨学金をいくら借りるか考えるとき、大学生活で毎月どれくらいのお金が必要なのかを計算して、それをもとに奨学金を借りる金額を決めようとする人は多いでしょう。ところが、じつは「いくら借りるか」を決めるのは、そう簡単ではありません。

「月額10万円を４年間借りるとトータルで４８０万円。この額を将来、きちんと返せるものだろうか」などと、総額ベースで漠然と考えてみても、なかなかピンとこないのが正直なところでしょう。

奨学金をいくら借りるのかを考えるときには、まずは将来にわたって「毎月、いくらずつ返していくことになるのか」を考えるとわかりやすいと思います。参考までに、第二種で毎月5万円と毎月10万円を4年間借りたときの毎月の返還額がどのくらいになるのかを左の図で示しました。0・33％の固定利率で借りた例です。

すると毎月5万円を借りた場合の利息を含んだ返還総額は246万4020円となり、これを、毎月1万3688円ずつ、15年間をかけて返していくことになります。

一方、毎月10万円を借りた場合は、利息を含んだ返還額は496万8451円で、これを毎月2万7702円ずつ、20年間かけて返していくことになります。返還期間は借りた額に応じて、おもに10年、15年、20年から自動的に決まります。

「2万5000円を超える」と厳しくなる

240万円を借りたときの「毎月1万3688円」という返還額は、「今月、スマホを使いすぎた！」くらいの感じで返還していくイメージといえるかもしれません。240万円や480万円を借りても、毎月の返還額が1万3000円程度であれば、大学卒業後に無事に就職できれば何とか返すことができると考えていいでしょう。

奨学金の返還　定額返還方式の例

※利率0.33％で固定の場合（2017年3月末貸与終了者に適用された利率の例）

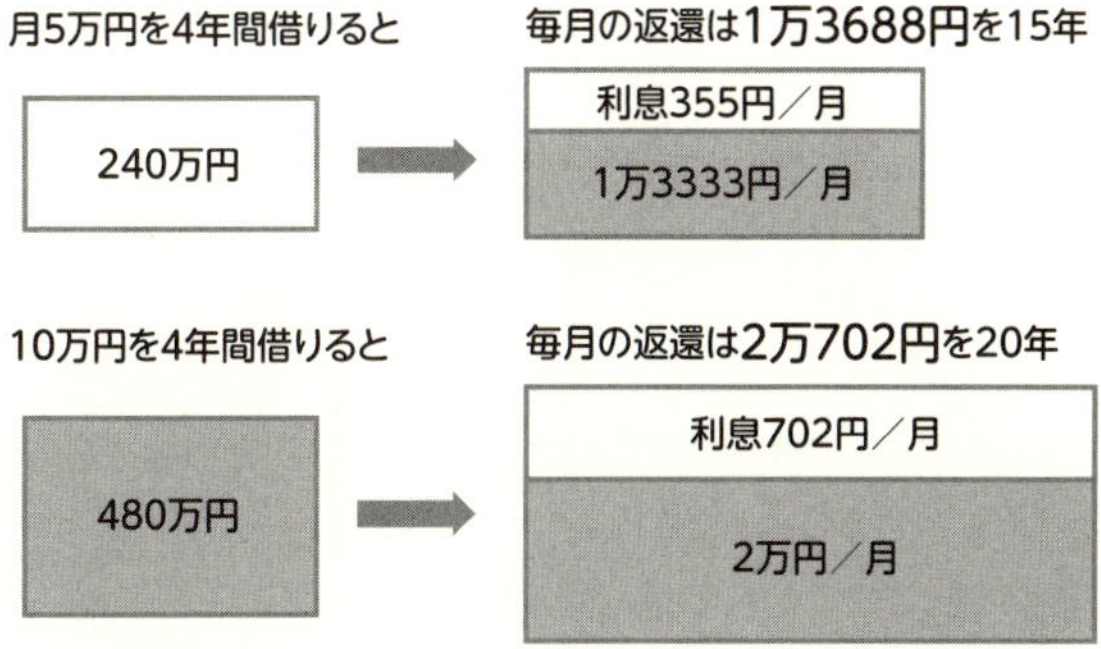

・JASSO 資料をもとに作成

ただし、それを大きく上回る金額となる場合には要注意です。

一般的に、社会人になってからの**毎月の収入（額面）に対し、借金を返す金額の割合が15％を超えると返し続けていくのが難しくなってくるといわれます。**

しかし現実的には、額面の収入から税金や社会保険料などを除いた手取り収入に対しては10％がボーダーライン。毎月の借金返済がそれ以上になると、将来に向けた貯蓄をする余裕がなくなってしまいます。これまで多くのご家庭の家計にアドバイスをしてきた経験からいえることです。

ただし、初任給は就職が決まってからわかること。これから奨学金を借りようという人は、自分の初任給がいくらになるのかはわかりません。

そこで、目安を示しましょう。大卒初任給がおおよそ月額20万〜21万円ということ、さらに社会人になると給料から税金や年金、社会保険料なども支払わなければならないことを考えると、この先の昇給を見込んだとしても、**毎月の返還額がだいたい「2万5000円を超える」と厳しくなってきます**。

奨学金を借りる人の中には、「月額2万円とか3万円くらいまでなら、学生のアルバイトでも稼げるお金。社会人になったときには無理なく返せると思う」という人が多くいます。奨学金を申し込むときには「何とかなるだろう」と思ってしまうのです。ところが、実際にはそう簡単ではないのです。その理由を次項で説明します。

無理なく返すポイント2

卒業後の収入についてシビアに考えておく

月給の額面から「約3割」引いた手取りの中から返していく

奨学金の返還は、多くの人は社会人になってから始まります。自分が社会人になったら、いったいいくらくらいの収入を得ることができるのかは、気になるところです。そこで厚生労働省の調査から、初任給に関するデータを示しておきます。

上の表を見て、大学卒業の初任給が約21万

2017年の学歴別初任給

学歴	初任給
大学院（修士課程）修了	23万3400円
大学卒	20万6100円
短大・高専卒	17万9200円
高校卒	16万2100円

※厚生労働省「平成29年賃金構造基本統計調査結果（初任給）の概況」より作成

円程度であるなら、そこから「毎月2万円から3万円くらいを返すことくらいなら問題ない」と思うかもしれません。

ところが、ここで注意しておきたいのは、給料の「額面」と「手取り」の違いです。ここで示している金額は「額面」です。額面の収入から税金や社会保険料などを除いた金額が「手取り」になります。ピンとこない人もいるかもしれませんので、実際には、どのくらい「額面」と「手取り」に差が出るのか確認してみましょう。

一般的には、**額面の給料から「約2〜3割」が税金や社会保険料で引かれて、7〜8割程度が手取りの金額になる**と覚えておいてください。初任給が約21万円でも、税金や社会保険料などで引かれて、おおよそ16万6000円が手取りになります。2年目からは住民税も加わります。そこから毎月の奨学金の返還にいくらあてられるでしょうか。

手取り額から家賃（住居費）、水道光熱費などを支払っていき、食事代や洋服代、娯楽費やスマホ代なども引いて手元に残ったお金から奨学金を返していくとなると、とたんに社会人として一人暮らしをするのにけっして余裕があるとは言い切れません。

初任給ベースで考える社会人になってからの収入と支出

項目		平均額
収入		
	手取り収入	16万6000円
支出		
	食費	3万5000円
	家賃(住居費)	6万円
	水道光熱費	6000円
	家具・家事用品	2000円
	洋服や靴など衣類等	4000円
	保険医療費	3500円
	交通・通信	1万5000円
	教育娯楽	1万円
	その他	5000円
総支出額		14万500円
収入－支出＝奨学金の返還にあてられる金額		2万5500円

・総務省統計局「家計調査(2016)」をもとに作成

社会人1年目の収入と収支の平均はこうだ

もう少し具体的にイメージしてみましょう。初任給をベースに収入と支出の例を上に示します。

この表でのポイントは、「収入－支出」の項目です。1カ月の収支を見ると、残額は約2万5500円です。この金額の中から奨学金を返していくことになります。月額1万3000円から2万円程度であれば返すこともできますが、奨学金返還以外にまとまった出費、例えば理・美容代、友人の結婚式への出席、その他にもクレジットカードで購入したものの分割払いなどの出費があると、貯金もできずに本当に「ぎりぎり」になってしまいます。

もちろん、すべての人がこの表に示したとおりとは限りませんが、この社会人1年目の平均的な収支バランスを考えると、月額2万5000円を目安にして、「それを超えると返還が厳しくなる」といえるでしょう。もちろん、貯金に回せるお金がなくなることは明らかです。

奨学金を卒業後に15年や20年返し続けるということは、40代にさしかかる頃、あるいは40代まで返還が続くことを意味します。奨学金の返還と並行してではなかなか貯金もできない状況になる可能性についても考えておくことが重要です。

月2万5000円の返還とすると、いくらまで奨学金を借りられるのか

それでは、毎月の返還額として2万5000円を目安にすると、どれくらいまで奨学金を借りて大丈夫なのでしょうか。

これは、返還するときの利率がどの程度になるかにもよりますが、お**おおむね「月額8万円」を目安**にしておくといいでしょう。

将来の毎月返済額のイメージ

適用金利	貸与月額 5万円	貸与月額 8万円	貸与月額 10万円
0.27%	約1.4万円 ×15年間 (合計245万円)	約1.6万円 ×20年間 (合計395万円	約2.1万円 ×20年間 (合計494万円)
1.00%	約1.5万円 ×15年間 (合計260万円)	約1. 8 万円 ×20年間 (合計426万円)	約2.2万円 ×20年間 (合計532万円)
2.00%	約1.6万円 ×15年間 (合計280万円	約2.0万円 ×20年間 (合計470万円)	約2.4万円 ×20年間 (合計587万円)
3.00%	約1.7万円 ×15年 (合計302万円)	約2.2万円 ×20年 (合計517万円)	約2.7万円 ×20年 (合計646万円)

・JASSO 奨学金貸与・返還シミュレーションをもとに作成
・0.27%は 2018 年 3 月貸与終了者の利率

例えば、第二種で月額8万円、4年間でトータル384万円を借りた場合、利率を0・27％（固定）とすると毎月の返還額は約1万6000円です。ただし、利率が2％になると月額約2万円を20年間にわたって返還する計算になります。月額8万円であれば、JASSOの奨学金の利率が上限の3・0％になったとしても、毎月の返還額は約2万2000円です。

総額で400万円を超える借金がライフプランに与える影響

もう一つ、奨学金をいくら借りるのかを決めるときに、考えておきたい重要なポイントがあります。それは、借り入れの総額が400万円を超えると、ライフプランに支障が出るケースが多いということ。

総務省の「家計調査年報（平成28年・2人以上の世帯）」によると、金融資産の保有額、つまり貯金の平均は、30歳代301万円、40歳代620万円でした。ということは、平均的な家庭で貯められるはずの金額、おおまかに300万〜600万円に相当する金額が、奨学金返還で消えてしまうことを意味するからです。

これまで、多くのご家庭の相談を受ける中で、「奨学金の返還で思うように貯蓄ができておらず、結婚に踏み出せない」「住宅ローンを借りようとしたら、奨学金返還分がしわ寄せして希望の額の融資を受けられなかった」といった声も耳にしました。将来のことも頭に入れておきながら、奨学金をいくら借りるのかを慎重に決める視点が重要です。そのため、利息がつく第二種だけではなく、利息ゼロの第一種を併用して、毎月の返還額を少なくするといった地道な工夫がじつはとても大切です。

これから大学生になる人が、大学を卒業したあとのことについて具体的に考えるのはなかなか現実味がないかもしれません。しかし、奨学金が将来にわたっての借金であるということを考えると、月額2万円から3万円程度の金額を返し続けていくことが、将来の自分にとってどの程度の負担になるかは、奨学金を借りる前からイメージしておくようにしましょう。その上で、無理のない借り方、返し方を考えることが大切です。

Check

大学生活にかかるお金をこう見直す

さて、将来にわたって返さなくてはならないお金が「いったい、いくらになるのか」を明確にすることで、「ここまでの借金はしたくない」と思った場合には、大学生活にかかるお金を見直す必要が出てきます。

大学生活にかかるお金を見直して、奨学金を借りる金額を少なくすれば、それだけ将来の負担も軽減できます。

どう見直したらいいのでしょうか。

ＪＡＳＳＯが毎年実施している学生調査の結果をもとに、親元を離れて私立大学に通う学生の毎月の平均支出パターンの左表を見てみましょう。

奨学金を毎月8万円借りて、さらにアルバイトと家庭からの仕送りで10万～11万円程度の合計18万～19万円程度の収入があるとします。

授業料を下げることはできないのですが、家賃や食費を見直したり、スマートフォンを格安ＳＩＭに替えたり、インターネットとスマホのセットで安くなる料金プランに変更するなどして、日々の生活にかかるお金を見直すことで、月額16万円程度に抑えることはできるでしょう。大学卒業後の新社会人が実際に手にできる収入もその水準なので、学生時代から慣らしておくと将来に役立ちます。

ただし、毎月の支出を抑えることができたからといって、すぐに奨学金を減額することはちょっと待ったほうがよさそうです。ウィンタースポーツなど新しい経験をする中でケガをしたり、運転免許を取得して自動車を運転して思わぬ事故に巻き込まれたりと、大学生の暮らしでは、いつ急な出費があるかわからないからです。

また、大学3年になって就職活動に入るとアルバイトをこれまでのペースでできなくなり

大学生の毎月の支出見直しのポイント

項目	
授業料	80000円
家賃	50000円
食費	30000円
水道光熱費	6000円
スマホ代	8000円
ネット代	5000円
娯楽費	3000円
その他	3000円
支出合計	18万5000円

↓

項目	
授業料	80000円
家賃	40000円
食費	25000円
水道光熱費	6000円
スマホ代	2000円
ネット代	3000円
娯楽費	5000円
その他	2000円
支出合計	16万3000円

・JASSO「平成26年度学生生活調査」等をもとに概算して作成

家計がピンチという話もよく耳にします。

月額の支出を抑えることでお金に余裕ができたら、その分はしっかり貯金しておくのが得策です。在学中は利息がかからない点を活かして、奨学金を返すときに、繰上返還にあてるなどして利息の負担を減らすといいでしょう。

無理なく返すポイント3

生活に余裕ができたら「繰上返還」をして将来の負担を軽減！

利息が減るだけではない。保証金の一部が返ってくることも

さて、大学生活にかかるお金を見直すなどして、少しでも経済的に余裕ができるようなら、**その分はしっかり貯金して「繰上返還」するのがおすすめ**です。

通常、奨学金を返すときには、毎月一定額を返還していくことになりますが、これをあるタイミングで全額、もしくは一部をまとめて返還するのが繰上返還です。なぜ、おすすめするかというと、繰上返還にはいくつかのメリットがあるからです。

まずは、返還期間を短くできるので、支払う利息が少なくてすみます。また、奨学金を借りるときの保証人・連帯保証人に機関保証を選んだ人は、毎月の奨学金から保証金が差

繰上返還の3つのメリット

・利息が減り、その分、返還総額が少なくなる
・機関保証制度の利用者は、
保証金の一部が返ってくることも
・返せるときに返還しておくことで、
将来を考えて万が一のときにも安心

・JASSO 資料をもとに作成

し引かれていたのですが、返還期間が短くなることで、その保証金の一部が返ってきます。

そして、もう一つ。奨学金の返還期間は当初、15年や20年と設定されますが、その長い間にはどんなことが起こるかわかりません。万が一のことで、奨学金の返還が滞《とどこお》ってしまうこともあり得ます。「返せるうちに返せるだけ」返還しておくことで、奨学金が返せない事態におちいって保証人・連帯保証人に迷惑をかけてしまうといったことも避けられます。

「繰上返還」3つのパターンを知っておこう

繰上返還は「貸与終了後」いつでもできます。実際に繰上返還をするには、次に示すように大きく3つのパターンがあります。

【パターン1】卒業前：在学中の繰上返還

大学を卒業する直前の3月に全額、または一部を繰上返還するパターンです。

卒業前・在学中に全額を繰上返還すると、第二種を借りた人でも利息を払う必要がなくなるのが大きなメリット。一部繰上返還する人も「繰上返還した分」については利息を払う必要がなくなります。4月1日以降から全額を払い終わるまで、「残金」に対してのみ利息がかかります。その場合でも、残金が減った分、利息が少なくてすみます。

また、奨学金を借りるときの保証人・連帯保証人に機関保証制度を利用していた人は、全額返還すると返還完了になるので、保証料の「およそ7割」が戻ってきます。一部繰上返還の場合には、返還期間が短縮されるので、返還が完了した時点で保証料の一部が戻ることがあります。

また、大学1年生と2年生の2年間だけ奨学金を借りていて、在学期間中は返還を猶予してもらい、卒業後から返し始めるという人もいるでしょう。その場合でも「在学猶予中の繰上返還」が可能です。

【パターン２】卒業後の繰上返還（据置《すえおき》期間中）

卒業後から「最初の返還が始まる」７カ月後の10月27日までの間（これを「据置期間」といいます）に全額、または一部を繰上返還するパターンです。

第二種を借りた人は、じつは据置期間中でも利息がついています。そのため、据置期間中に全額を繰上返還する日までの利息はついてしまいますが、利息の支払い総額は少なくてすみます。一部繰上返還する人も同じように、全額を払い終わるまでの利息がつきます。

一方、奨学金を借りるときの保証人・連帯保証人に機関保証制度を利用していた人には、据置期間中に全額返還すると保証料の「およそ7割」が戻ってきます。一部繰上返還の場合には、返還期間が短縮されるので、返還が完了した時点で保証料の一部が戻ってくることがあります。

【パターン3】卒業後の繰上返還（据置期間経過後）

据置期間終了後、返還が始まってから全額、または一部を繰上返還するパターンです。この繰上返還では、全額を返還し終わるまでの利息がつきますが、返還期間を短くできるので、その分の利息を減らすことができます。機関保証制度を利用していた人は、返還が完了したときに保証料の一部が戻ってくる可能性があります。

繰上返還をするには どんな手続きが必要なの？

繰上返還をするには、ＪＡＳＳＯのインターネットシステム「スカラネット・パーソナル（スカラネットＰＳ）」から申し込みます。

スカラネットＰＳとは、奨学金を貸与中や返還中の人が、自分の奨学金に関する情報を24時間インターネット上で確認・閲覧できるシステムです。ＪＡＳＳＯのホームページから、スカラネットＰＳのページにアクセスして、自分で利用登録をして使います。そのときに、ＩＤとパスワードを自分で設定します。

また、もしインターネットにアクセスできない、パソコンやスマートフォンなどインターネットに接続する機器を持っていないという場合には、電話や郵送でも繰上返還の申し込みができます。

【スカラネット・パーソナル】https://scholar-ps.sas.jasso.go.jp/mypage/

Check

「スカラネット」と「スカラネット・パーソナル」。2つの違いを知っておこう

ＪＡＳＳＯのインターネットシステムには、奨学金の「申し込み」と「進学届の提出」のときなどに利用する「スカラネット」と、実際に奨学金の貸与が始まってから奨学金を借りる金額を変えたり、継続申し込みをしたり、繰上返還を申し込むのに使う「スカラネット・パーソナル」の2種類があります。スカラネットからは繰上返還の手続きはできないので間違えないようにしておきましょう。

繰上返還の申し込み方法

申し込み方法	申込期間
スカラネット・パーソナル	繰上返還を希望する月の前月中旬〜当月中旬
郵送・FAX	繰上返還を希望する月の1カ月前に締め切り (締め切り前3カ月間が申し込み期間)
電話	繰上返還を希望する月の前月

・JASSO資料をもとに作成

繰上返還は申し込みのタイミングに注意

繰上返還の手続きは、スカラネット・パーソナルで申し込む場合と、郵送・FAX、電話で申し込む場合では申し込みの締め切りのタイミングが異なります。上に、申し込み方法ごとに申し込み期間を示しておきます。

Check

奨学金は必要最低限より「少し多め」に借りておく!?

奨学金を「毎月、いくら借りたらいいのか」は、なかなか判断するのが難しいところです。

奨学金が少なくて、足りない生活費を補おうとアルバイトを増やしてしまい、その分、学業に支障が出てしまうようでは問題です。必ずしも必要最低限の「ぎりぎりの金額」にすることがベターであるとは限らないのです。

奨学金を借りるときには、「このくらいのお金があれば、無理なく大学生活を送れる」という金額、つまりは、最低限ぎりぎりよりも少し多めの金額を選ぶほうが結果としてよかったというケースが、じつは少なくありません。

特に大学1年生の頃は、大学の授業にも生活にも慣れない中、自分に合ったアルバイトがすぐに見つかるとは限りません。また、親元を離れて一人暮らしを始めた人なら思わぬ出費があるかもしれません。そんなことも考えて、少し余裕を持てるくらいの金額を選んで、落ち着いて大学生活をスタートできるようにしておくのも一つの選択です。

奨学金を「余裕を持って借りた」ときのパターン

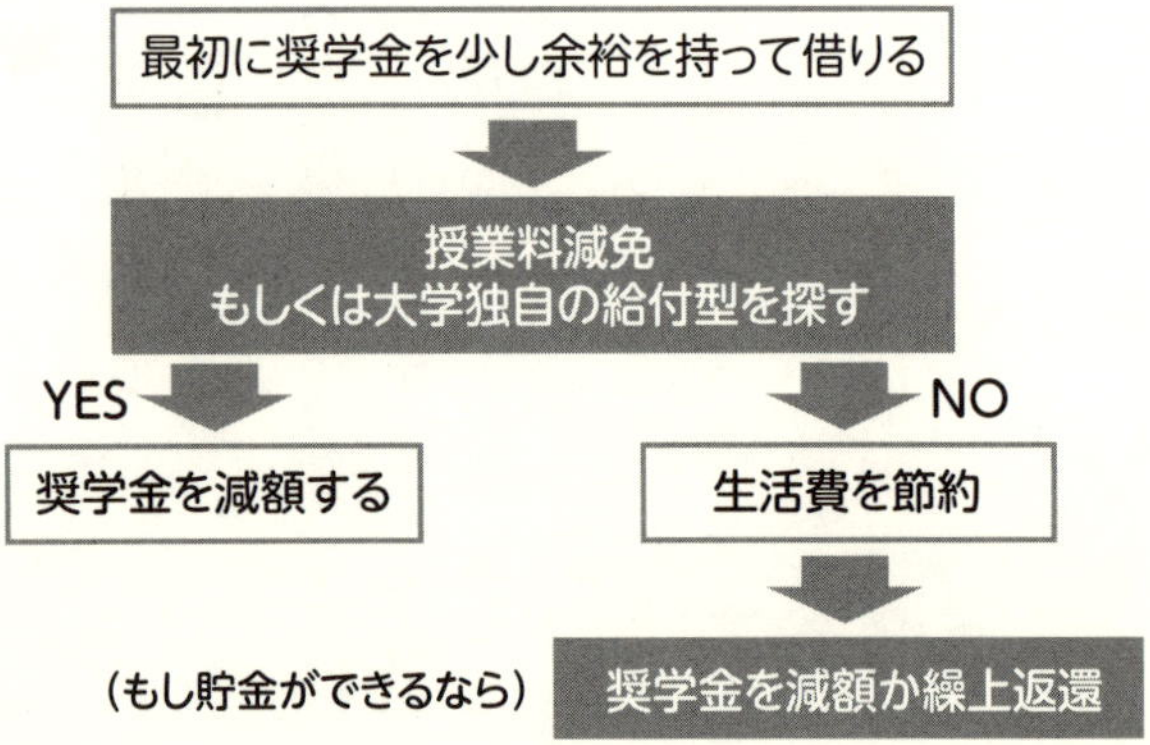
最初に奨学金を少し余裕を持って借りる
授業料減免
もしくは大学独自の給付型を探す
YES
NO
奨学金を減額する
生活費を節約
(もし貯金ができるなら)
奨学金を減額か繰上返還

少し多めの奨学金を借りたことで、もし、毎月のお金が余るようならその分はきちんと貯金して、在学中に繰上返還するなどして返還期間を短くすれば、その分、利息も少なくなります。

また、手元にお金があると「どうしても、あれこれと無駄使いしてしまいそう」という人は、途中で奨学金を減額すればいいでしょう。

在学中に増額するのは意外に大変

一方、最初から少し多めに借りるのではなく、最低限借りておいて、苦しくなったら途中で「奨学金を増額すればいい」と考える人もいるかもしれません。しかし、これは意外に難しいのです。

第一種は、「自宅通学」か「自宅外通学」かによって毎月、借りられる金額が決まっているので、自宅通学だった人が「自宅外通学になった」というように借りるための条件が変更されない限り、増額が認められることはありません。

第二種は、借りている途中で増額できますが、いずれも学生生活を継続していく上で必要と認められた場合です。すぐには認められずに、増額した奨学金を受け取るまでに時間がかかることもあります。

無理なく返すポイント4

奨学金を「いつから」返すのかを知っておく

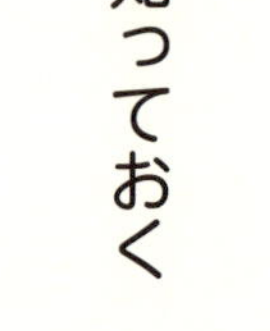

最後の貸与が終わって7カ月目から返還開始

奨学金の返還が始まるのは、**貸与が終了した月の7カ月目から**です。例えば、入学から大学4年の3月までの4年間、奨学金を借りた人なら、**卒業後の10月から返還が始まります**。その後、15～20年をかけて返していくことになります。

なかには大学1年生の4月から2年間、奨学金を借りるという人もいるでしょう。その場合には、貸与の終了が大学2年の3月になります。返還が始まるのは、7カ月目の大学3年生の10月からですが、在学中は申請すれば「最短の卒業予定年月まで」、つまり大学4年の3月まで返還期限が猶予されるほか、利息もつきません。

大学４年生まで奨学金を借りた場合の返還スケジュール

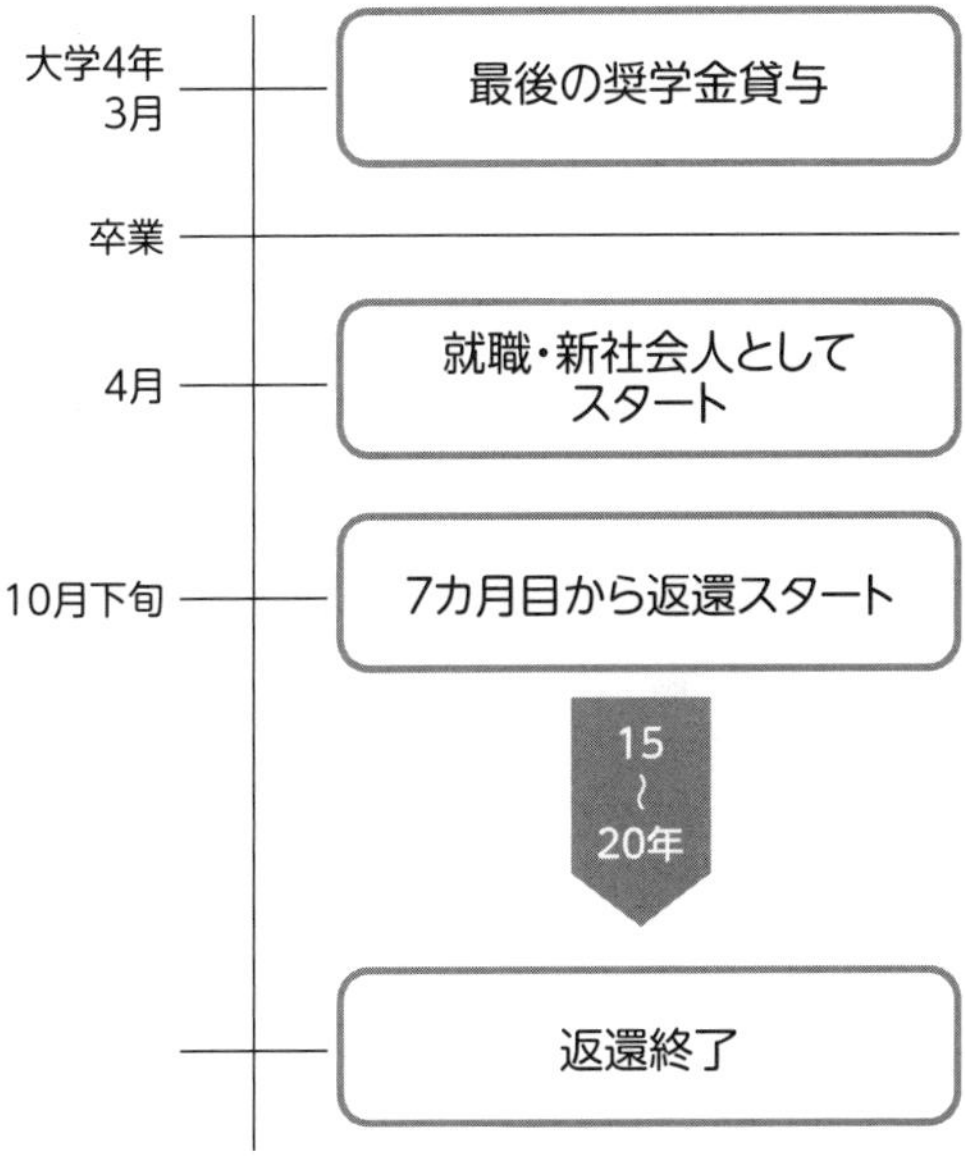

Check

奨学金の利率は一般のローンと比べてどのくらい低いのか

第二種の利率は「上限3％」と決められています。1・9％ほどの金利をつけた時期もありましたが、2017年3月まで第二種を借りていて卒業した人の例では、利率固定方式で0・33％、利率見直し方式で0・01％でした。いずれも上限3％より低い水準ですが、適用利率は貸与終了時に決まる点には注意しておきましょう。

もちろん、この先もずっとこの低金利が続くとは限りませんが、JASSOの奨学金の利率は、一般のローンなどと比べて高いのでしょうか、低いのでしょうか。一般のローンが市場金利に連動して動くことから一概には言い切れませんが、例えば、さまざまな銀行の教育関連ローンの利率が1・5～4％程度であることを考えると、JASSOの奨学金の利率は低いといえるでしょう。

無理なく返すポイント５

奨学金の種類によって返し方が違うことを知っておく

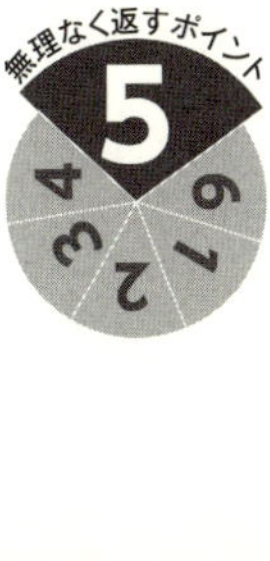

「利率固定」か「利率見直し」かは、大学４年になってから決めればいい

奨学金の返還方式は、第一種、第二種によって異なります。

利息がつく第二種の返還方式は、毎月一定額を返還する「定額方式」のみです。借りた奨学金の金額によって、毎月の返還額と返還回数、つまり「何年で返すのか」が自動的に決まります。

第二種の定額返還方式では、貸与終了時の決定利率を返済完了まで適用する「利率固定方式」と、返済期間中におおむね5年ごとに利率を見直す「利率見直し方式」があります。

奨学金をどちらで返還するかを決めてから申し込みますが、奨学金の貸与終了の一定期間

奨学金ごとに異なる返還方式

種類	返還方式	
第二種	定額方式	利率固定 ※貸与終了時に算出された利率で返還
		利率見直し ※おおむね5年ごとに利率を見直す
第一種	定額方式	毎月一定額を返還 （利息ゼロ）
	所得連動 返還方式	原則、前年の所得に応じて 返す額が決まる

・JASSO資料をもとに作成

前であれば変更可能です。

利率固定方式は、毎月の返還額が変わることはありません。利率見直し方式は5年ごとに利率の見直しがあり、その利率によって毎月の返還額が多くなったり、少なくなったりします。

最終的にどちらを選んだほうがいいのか

利率固定方式とするか利率見直し方式とするかは迷うところですが、2017年3月に貸与が終了した人の利率は、利率固定方式が0・33％で、利率見直し方式が0・01％。利率見直し方式のほうが低くなっています。

奨学金を4年間借りる人であれば、**大学卒**

利率固定方式と利率見直し方式の返還のイメージ

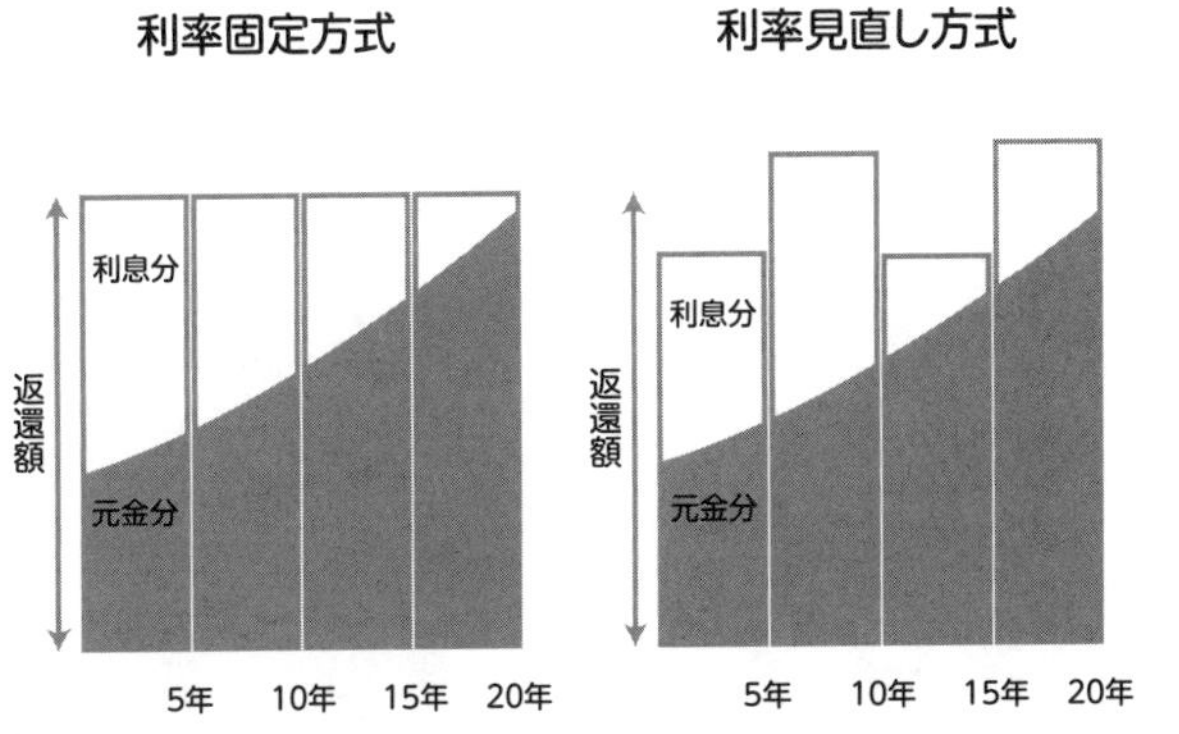

・JASSO 資料をもとに作成

業前に就職先が決まってからのタイミングでも変更できます。

将来にわたって着々と収入アップしていきそうな安定企業に就職できたのであれば、（利率が低い水準にあるのなら）利率見直し方式を選び、あとから利率がアップしても上限は3%なので対応可能だと考えられます。

また、利率の見直しがおおよそ5年ごとということも頭に入れておきましょう。返還開始後に、「利率が低い間に」お金を貯めて、まとまった額を繰上返還するのも一つの手です。

一方、就職先ついて、あまり将来の昇給を期待できないと思える場合には、利率固定方式を選んだほうが、将来にわたっての返還計画も明確に立てやすく、安心です。利率見直し方式と比べると利率が高いように感じますが、一般的に民間の教育ローンなどに比べると金利は低い水準にあります。銀行などから借りる奨学金は、利率見直し方式が一般的ですが、銀行など民間のものよりも固定の利率が低いのであれば、利率固定方式で借りても十分に有利といえます。

なお、**利率固定方式か利率見直し方式か、いつまでなら変更可能なのかは、毎年、少しずつそのタイミングが変わっています。**入学から大学4年の3月までの4年間、奨学金を借りる人なら、大学4年生になった4月以降に大学の奨学金窓口で変更可能なタイミングを確認しておきましょう。

第一種はひとまず「定額方式」にしておく!?

第一種は、「定額方式」のほかに「所得連動返還方式」を選択できます。所得連動返還方式は、社会人になって返す際に、「前年の収入に応じて毎月の返還額が変わる」のがポイントです。

収入が減った場合には、それに応じて毎月の返還額を少なく設定できるので無理なく返

定額方式を選ぶメリット

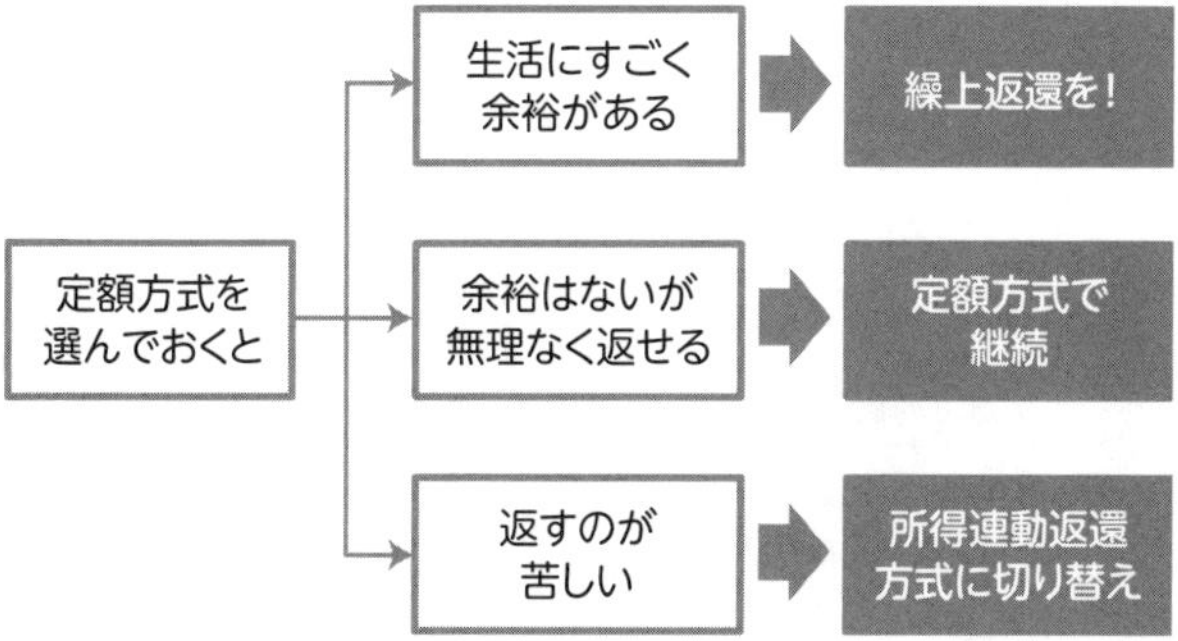

・JASSO資料をもとに作成

し続けていくことができますが、一方で毎年、月々の返還額が変わるので、それに応じて返還期間も変わってきます。つまり、「少なく返すと長くかかる」ということ。

第一種の返還方式の選択は申し込み時に決めますが、貸与中であれば変更可能。貸与後には、定額方式から所得連動返還方式への変更は可能ですが、所得連動返還方式から定額方式に変更することはできません。

それでは、定額方式と所得連動方式のどちらを選んだらいいのでしょうか。

迷ったら、まずは「定額方式」を選択することをおすすめします。

理由は、貸与終了後でも、つまり社会人になって返還を始めてからでも「返還するのが厳しいな」と感じたら、定額方式から所得連動返還方式に変更できるからです。

卒業後に、まずは定額方式で返し始め、余裕があるならそのまま定額で返還し続けるか、繰上返還を考えればいいし、もし、毎月の返還が厳しいなら所得連動返還方式に変えればいいのです。将来にわたって無理なく返還できるために生活が安定します。

第一種では返還が難しいときには「月2000円」ずつもOK

第一種は利息がつかないだけでなく、返還のときに所得連動返還方式を選択できることを説明しました。

これは、前年の所得に応じて、その年の毎月の返還額が決まるのですが、前年の所得がない卒業後の最初の年度の返還額は、どうなるのでしょうか。

この場合は、借りた額に応じて自動的に決まる「定額返還方式の返還月額」の「半額」に設定されます。もし、それでも返還が困難な場合は、申請すれば「月額2000円に減額」することもできます。

また、第一種の場合は、返還が始まるときの本人の収入が「年収300万円以下（会社

所得連動返還方式の返還プランをイメージしておく

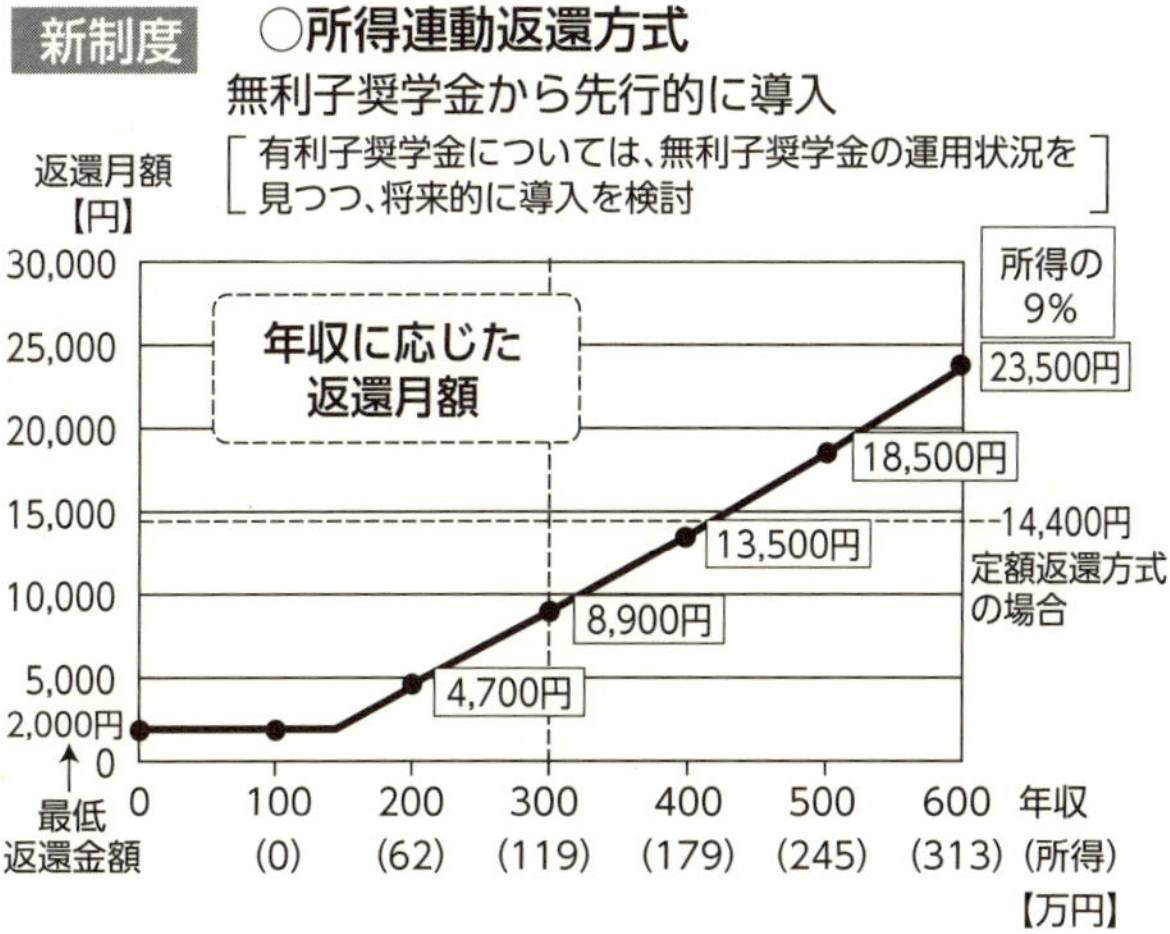

・JASSO 資料をもとに作成
※私立大学に自宅から通い、月額5万4000円を4年間借りた例

員）」であれば、返還期間が猶予される制度もあります。

なお、所得連動返還方式を選んだ人は、個人番号（マイナンバー）の提出が必須となります。

無理なく返すポイント6

返還が難しくなったときの猶予制度を知っておく

さて、人生では何が起きるかわかりません。きちんと返還計画を立てていても、予想外の事態で返還が滞ってしまうこともあり得ます。

そこで、ここでは、将来、奨学金の返還が難しくなったときに申請できる制度について紹介します。次のような制度を申請することができます。

1　減額返還制度

この制度は、「約束どおりの返還は困難」だが、「減額した金額なら返還が継続できる」という人が利用できる制度です。つまり、「返す額を減らしてくれれば、返し続けられる」という人のための制度といえます。

減額返還を申請できる収入の目安

給与所得の人	年間の収入が 325 万円以下
自営業など 給与所得以外の人	年間所得金額が 225 万円以下

・JASSO 資料をもとに作成

地震などの災害や病気などの傷病により急な出費がかさんだり、経済的困難や失業などの理由から月々の返還が困難となった場合でも、「延滞することなく計画的に返していく」ための制度です。

この制度では、一定期間、「当初割賦《かっぷ》金を2分の1または3分の1に減額」して、減額返還適用期間に応じた分の返還期間を延長することにより返還しやすくなります。

この制度を利用しようという人は、毎年、申請することでその年の返還額が減額されます。つまり、1回の申請で1年間の減額返還が認められるということに。

例えば地震など災害からの復旧が思うように進まない、病気の治療が長引いている、などの理由から1年間の減額では足りない人もいるかもしれません。その場合には、その翌年も申請を繰り返すことにより、最長で15年間までは減額返還が認められます。ただし、第一種を借りていて所得連動返還方式を利用している場合は、減額返還は利用できない点には注意が必要です。

減額返還できる所得基準は年収「325万円以下」が目安

減額返還制度を申請できる基準は、以前よりも緩和されています。申請できる目安として、本人の収入が年間325万円以下（給与所得者の場合）であれば、申請できると覚えておくといいでしょう。

2　返還期限猶予制度

災害、傷病、経済困難、失業などの理由から、返還が困難となった場合には、減額返還制度とは異なる制度として、「返還期限猶予」を申請できます。

これは、一定期間「返還を停止し先送りにする」ことで、その後の返還をしやすくするものです。この制度を申請して認められた期間については、返還の必要がありません。つまり、その期間に限っては毎月の返還をしなくてもよいということに。

返還期限猶予を申請できる収入の目安

給与所得の人	年間の収入が 300 万円以下
自営業など 給与所得以外の人	年間所得金額が 200 万円以下

・JASSO 資料をもとに作成

その期間が終了した後には、返還が再開され、それに応じて返還終了年月も延期されることになります。

返還期限猶予の制度を利用するには、毎年の申請が必要です。つまり、1回の申請で1年間の返還期限の猶予が認められます。

1年間の返還猶予では、再度の返還が難しいという場合には、その翌年も申請を繰り返すことにより、最長で10年間まで返還の猶予が認められます。なお、第一種の場合、奨学金申込時の家計収入がJASSO所定の要件に合致する人は、10年間の制限なく申請できます。

減額返還制度を利用して毎月の返還額を半分や3分の1に減らしても、なお支払いが難しいというときには、早めに返還期限猶予を申請するようにしましょう。

減額返還でも返還期限猶予でも「返還総額は変わらない」

減額返還も返還期限猶予も、**どちらの制度を利用しても返還する総額は利息を含めて変わりません**。返還期間が延びる他、毎月の返還額が減るか、一定期間、返還しなくてよくなるという位置づけです。

「延滞が3カ月以上」になるとブラックリストに載ることも

奨学金を借りるときには、申し込みのときに「確認書兼個人信用情報の取扱いに関する同意書」という書類を提出します。

これは、奨学金を借りる人が、「個人信用情報機関の利用と登録などについて同意する」という意思を示すものです。この書類を提出しない、つまり「同意をしない」場合には、奨学金を借りることができません。

ここに書かれている「個人信用情報機関」とは、銀行などから個人信用情報、つまり「個人のローンやクレジットに関する契約内容や利用状況、返済状況」など、「個人の経済的信用に関する情報」を集めている機関です。そして、銀行などからの求めに応じて、その信用情報を提供しています。

つまり、奨学金を借りて卒業後に返すとなったとき、「返還が一定期間以上滞った場合」、つまり延滞すると、「延滞となっていることが個人信用情報機関に登録」されることを意味しています。いわゆる「ブラックリストに載る」ということに。

それでは、**返すのがどれくらい滞るとまずいのかというと、「返し始めてから６カ月経過した時点」で、「延滞３カ月以上」になっているとき**です。その時点で個人信用情報機関に登録されます。

一度登録されると、返還完了後５年間は登録されたままに

個人信用情報機関に情報が登録されてしまうのは、奨学金を借りている人全員ではありません。延滞した人のみが登録されます。

しかも、一度、登録されると、その後は「現在の返還状況はどうなっているか」がすぐ

にわかるようにと、返還情報（返還・延滞など）も登録され、**返還完了後も「5年間」は登録されたまま**になってしまいます。

多くの人は返還期間が15年や20年になっています。それが終わったあとでも5年間は個人信用情報機関に情報が登録されたままになるということは、人によっては50歳になるくらいまで「登録されたまま」となってしまいます。

個人信用情報機関に延滞していた情報などが登録されてしまうと、クレジットカードが使えなくなったり、住宅ローンや自動車ローンなどの各種ローンが組めなくなったりする可能性があります。「3カ月以上の延滞」がポイントです。しっかり注意してください。

延滞が長期にわたった場合の「法的措置」

延滞が長期にわたると、返還期日が到来していない分も含めた返還残額と利息（第二種など）、そして延滞金（年5％の割合）について全額一括での返還が請求されることになります。連帯保証人・保証人に対しても法的手続きが執られ、最終的に強制執行に至ることもあります。給与なども差し押さえられ、職場に通知が行き、それが理由でクビになる恐れもあります。

なお、機関保証の場合には、いったん保証機関が全額を一括で返還したあと、保証機関が本人に請求してくる流れです。支払えないと、年10％の遅延損害金が加算され、法的措置が執られます。最終的には強制執行に至ることもあります。

「返せないかも」となったら　まずはここに相談を！

もし、奨学金を返すのが遅れそうになったときには、まず、ＪＡＳＳＯの「奨学金返還相談センター」（電話：０５７０－６６６－３０１　ナビダイヤル）に電話するなどして相談してください。延滞金があると返還猶予などの救済措置も受けられなくなってしまう点に要注意です。

「督促がくるまでいいや」と放っておいたり、「とりあえず今月分はキャッシングで借りて払っておこう」と金利の高いローンを安易に借りてしまったりすると、あとあと取り返しのつかない事態になってしまいかねません。

まずは相談をして減額返還や返還期限の猶予などの対策を取るようにしてください。

第3章「無理なく返す」ためのポイント

□総額で400万円、月々の返還額が2万5000円を超えないように奨学金を借りる

□超えてしまう場合は、大学の授業料減免制度、他の給付型奨学金制度などを活用できないか検討する

□生活に余裕ができたら、奨学金の減額や繰上返還で、将来の負担を軽くしておく

□大学4年になった時点で、第一種なら「定額方式」か「所得連動返還方式」か、第二種なら「利率固定方式」か「利率見直し方式」かの返還方式の見直しを検討する

□卒業後、返還が苦しくなったら、必ず相談窓口に連絡して、減額返還や返還期限猶予などの制度を利用する

第4章

大学院進学・海外留学をかなえるために「始めておくこと」

――より大きな夢をかなえるための、上手な奨学金活用法

ここまでは、おもに高校を卒業して大学進学を目指す人たちに向けて、奨学金を借りるときのポイントや無理のない返し方を説明してきました。

奨学金は、大学生活の4年間を経済的に支援してくれるだけのものではありません。みなさんの中には、大学卒業後に大学院に進学して専門性の高い勉強をしたいという人もいるでしょう。また、日本を飛び出して海外留学を目指している人もいるかもしれません。そんな大学院進学や海外留学をサポートしてくれるのも奨学金です。

この章では、大学院進学や海外留学で利用できる奨学金について説明します。

大学院進学

始めておくこと１

大学院進学にかかるお金を確認しておく

国公立大なら修士の２年間で約１４０万円

さて、大学院への進学を考えるなら、まずは、いったいどれくらいのお金がかかるのかを確認しておきましょう。国公立か私立大学の大学院かによって費用は違ってきます。

国立大学の場合は、大学の入学金や授業料と同じように、どの大学のどの学部でも大きな違いはありません。入学金が28万2000円、授業料が修士（博士課程前期）で年間53万5800円、博士（博士課程後期）でも同じく53万5800円です。修士課程の2年間だけでも入学金を合わせると135万3600円（大学院によって多少、費用の差があ

国立大学大学院の入学金と授業料

課程	入学金	授業料（半期）	授業料（年間）
修士・博士課程前期	28万2000円	26万7900円	53万5800円
博士・博士課程後期	28万2000円	26万7900円	53万5800円

・JASSO資料をもとに作成
※修士（博士課程前期）から博士（博士課程後期）への内部進学のときは、博士・博士課程後期の入学金はかかりません。他の大学院から入学する場合には入学金がかかります

ります）。さらに博士課程で3年間の合計5年間、学ぶと約300万円かかります。大学院進学には非常にお金がかかるのです。ちなみに、博士課程で他の大学院に進む場合には、あらためて入学金が必要になります。公立大学の大学院の授業料は、国立大学と比べて15万円前後、安いことが多いようです。これも大学によって異なります。

一方、私立大学の大学院の授業料は大学によっても、また、理工系か文系かといった学部によっても、入学金や授業料が異なります。

例えば、文学部の大学院なら修士（博士課程前期）の2年間で入学金と授業料を合わせて約130万円ですむところ、理工学部の大学院になると2年間で400万円以上もかかる、ということもあります。

おおまかな目安としては、**私大の文系学部の大学**

院では修士の2年間で200万円前後、理系学部の大学院で250万～400万円以上くらいを考えておいていいでしょう。

Check

法科大学院は3年制で授業料も高め

国立でも私立でも法科大学院となると、さらにお金がかかります。しかも、3年制であるのが一般的です。国立大学であっても法科大学院は授業料が年間で80万4000円です。入学金は28万2000円と同じですが、3年間トータルでは、約270万円にもなります。通常の学部の修士が2年間で135万3600円だったのと比べると、約2倍です。

このため、法科大学院に通う人は第二種の奨学金を増額できるようになっています。経済的な理由で法曹界《ほうそう》への道を諦めてしまう人を減らすという取り組みの一つです。

始めておくこと2

大学院向けの奨学金の種類を確認しておく

大学院向けは給付型はない。
「第一種」「第二種」と、その併用など

大学院進学のための奨学金にも、大学院進学前に予約する「予約採用」と、大学院進学後に申し込む「在学採用」があります。

借りられる奨学金には、「利息ゼロ」の第一種、「利息がつく」第二種、そして、大学院入学時に特別に一時金を借りられる「入学時特別増額貸与奨学金」があります。もちろん、大学院第一種と第二種の併用もできます。

このあたりは、大学進学のときに借りる奨学金と比べて原則、大きな違いはありません。

始めておくこと３

大学院向けの奨学金で借りられる額を確認しておく

第一種は修士課程か博士課程かによって貸与額が変わる

大学院向け奨学金のうち第一種は、修士（博士課程前期）か、博士（博士課程後期）かによって貸与額が変わるのが特徴です。

その貸与額は次ページのとおりです。

第二種は課程にかかわらず５種類から選べる

第二種の貸与額は、修士や博士など課程にかかわらず、５種類から選べます。

大学院向け第一種の貸与額

課程	月額
修士課程相当（*1）の場合	月額5万円または8万8000円
博士課程相当（*2）の場合	月額8万円または12万2000円

・JASSO 資料をもとに作成
　*1：修士（博士課程前期）、専門職学位課程（専門職大学院）、
　　一貫制博士課程前期相当分
　*2：博士（博士課程後期）、一貫制博士課程後期相当分
　　博士課程には、博士医・歯・獣医・薬学（6 年制学部卒）課程を含む

大学院向け第二種の貸与額

月額	5万円、8万円、10万円、13万円または15万円

・JASSO 資料をもとに作成
※法科大学院の法学を履修する課程の場合、15 万円に 4 万円または 7 万円の増額が可能

法科大学院で第二種を借りようとする人は、最大で月額15万円に4万円、または7万円の増額をして、月額19万円、もしくは月額22万円を借りることができます。

始めておくこと４

入学時にかかるお金を準備しておく

入学金には「国の教育ローン」や学資保険で

また、大学院向けの第一種、第二種でも奨学金が振り込まれるのは、新学期が始まった4月下旬から5月半ば、遅いと6月にずれ込むことがあります。つまり、**大学院の入学金にも、奨学金は使えない**ということ。そうなると大学院の入学金を手当てしなければなりません。その方法としては、**学資保険や積立ＮＩＳＡをはじめとした資産貯蓄、日本政策金融公庫の「国の教育ローン」などを活用**するのがよいでしょう。

日本政策金融公庫の国の教育ローンについては、１０４ページでも説明していますが、大学院などに入学、または在学する人の親や保護者が、国から入学金や授業料、通学費などの費用を最大で350万円まで借りられる制度です。

気をつけておきたいことは、「審査に約10日間」、その後、「振り込まれるまでに約10日間」かかる点です。つまり、**申し込んでからお金が振り込まれるまでには「最短20日間」かかる**のです。

国の教育ローンは、審査をすませておけば、あとになってからキャンセルもできますし、借り入れる費用を変更することもできます。国の教育ローンが必要な人は、大学院への進学を決めるのと同じくらいのタイミングで、審査を申し込み、合格発表のときには審査も終えて、いつでもお金を借りて、大学院の入学金の振り込みに間に合うようにしておけば安心です。

国の教育ローンが借りられなかったら「入学時特別増額貸与奨学金」も

国の教育ローンは審査が厳しく、申し込んだ全員が借りられるわけではありません。もし借りられなかったら、**JASSOの入学時特別増額貸与奨学金**を借りることを検討しましょう。

第一種、または第二種の申込者で、次に示す条件のいずれかを満たす人であれば、入学した月の奨学金の基本月額に、10万円から50万円までの金額を10万円単位で増額して借りることができます。

入学時特別増額貸与奨学金を受けられる条件

入学時特別増額貸与奨学金を受けられる人の条件について確認しておきます。

家計基準では、本人の収入（定職、アルバイト、父母などからの仕送りや給付、奨学金、その他の収入により本人が1年間に得た金額）と、本人が結婚している場合には配偶者、つまり夫や妻の定職収入の金額の合計額が１２０万円以下の人が対象です。

また、合計１２０万円以下という条件を満たしていない人でも、日本政策金融公庫の「国の教育ローン」に申し込んだものの、利用できなかったことを証明することで、入学時特別増額貸与奨学金を借りることができます。

国の教育ローンを借りられなかったことを証明するには、「国の教育ローン借入申込書（お客さま控え）」のコピーと、「融資できない旨を記載した公庫発行の通知文」のコピーの提出が求められます。

これらの条件を満たした人であれば、最大50万円までを入学時特別増額貸与奨学金として借りることができます。

ろうきんの「入学時必要資金融資」と組み合わせる

このあたりは、大学進学時に申し込む奨学金の入学時特別増額貸与奨学金と同じです。ただし、入学時特別増額貸与奨学金が振り込まれるタイミングも、奨学金と同じく大学院に進学した4月の下旬か5月半ば、遅いときには6月にずれ込むこともあります。つまりは、大学院の入学金には使えません。

そこで、入学時特別増額貸与奨学金を利用する際には、**労働金庫（ろうきん）の「入学時必要資金融資」もあわせて活用**する手があります。

ろうきんの入学時必要資金融資とは、JASSOの入学時特別増額貸与奨学金が振り込まれるまでの間にかかるお金を、「ろうきんから借りることができる」制度です。

借りられる金額は、申し込んだ「入学時特別増額貸与奨学金の範囲内」に限られていて、返済も入学時特別増額貸与奨学金が振り込まれたときに利息をつけて一括で返す仕組みです。このあたりの詳細は、104ページで説明しています。

Check

大学院進学者は約９人に１人。ただし理工系に絞ると約４割に

さて、この本を手にしている人の中には、「大学院なんて成績優秀な人だけの話で、自分（お子さん）には関係ない」と思っている人も多いかもしれません。実際、文部科学省の「平成29年度学校基本調査」によると、大学を卒業後に大学院に進学した人の割合は11.9％でした。

大学院への進学率は、2010年度をピークに減少傾向。７年連続で低下しています。いままでは、大学卒業者の約９人に１人しか大学院に進学していないことになります。

ただし、これは文系・理工系全部を合わせた調査結果です。理工系に限ると、大学院進学率は約４割にも達します。

一般的には、「○○工業大学」など理工系専門の大学では、大学院進学率が低くても６割〜７割、高い大学では９割程度にも達するといわれています。

おもな学部の大学院進学率

学部	大学院進学率（%）
人文	6.0%
社会	3.4%
理学	42.7%
工学	37.1%
農学	24.3%

・文部科学省「平成 29 年度学校基本調査」をもとに作成

理工系の大学を目指している人なら、大学院進学の可能性も考え、備えておくのがおすすめです。

文系の人も理工系の人も、もし本気で大学院進学を考えるなら、**大学進学のタイミングから準備を始めておくことが重要**といえそうです。

大学院を修了すると初任給が10％以上高くなる!?

大学院を修了し、より高度で専門的な知識を身につけた人は、社会に出てから、より高い評価を受ける可能性があります。

そのことは、初任給にも端的に示されています。

厚生労働省の「平成29年賃金構造基本統計調査結果（初任給）の概況」によると、大学卒業の初任給が20万6100円だったのに対し、大学院を修了した人は23万3400円でした。**初任給の時点ですでに10％以上も高い**のです。この差は、一般的には年齢を追うごとに、年収の差となって表れてきます。

もちろん収入が多くなることだけが大学院進学の目的ではありませんが、将来にわたりより安定した暮らしを手に入れるための自分への投資であることに間違いなさそうです。

2017年の学歴別初任給（再掲）

学歴	初任給
大学院（修士課程）修了	23万3400円
大学卒	20万6100円
短大・高専卒	17万9200円
高校卒	16万2100円

・厚生労働省「平成29年賃金構造基本統計調査結果（初任給）の概況」より作成

始めておくこと5

大学院向け奨学金の学力・家計基準を確認しておく

条件が変わる「学力基準」と「家計基準」

まずは、第一種の奨学金を受けられる学力基準と家計基準を確認しておきましょう。

大学院への進学を考える人の中には、すでに社会人として働いていたり、専門的な分野で仕事についていたりする人もいます。そこで、家計基準では「本人の収入」が基準の一つとなっています。第一種を受けるための学力・家計基準は次のようになっています。

大学院の修士（博士課程前期）への進学を目指す人が第一種を受けるときの学力基準は、まず、大学4年間の学業成績が重視されます。また、いったん他の大学院に進み、その後に別の大学院に入り直す人のケースでは、大学のときの学業成績だけでなく、大学院にお

JASSOの大学院向け第一種奨学金の学力基準

—修士・博士前期課程（専門職大学院、法科大学院も含む）—

・大学並びに大学院における成績が特に優れ、将来、研究能力または高度の専門性を要する職業等に必要な高度の能力を備えて活動することができると認められること。

—修士・博士後期課程または博士医・歯・薬（6年制学部卒）・獣医学課程—

・大学・大学院における成績が特に優れ、将来、研究者として自立して研究活動を行い、またはその他の高度に専門的な業務に従事するのに必要な高度の研究能力を備えて活動することができると認められること。

・JASSO資料をもとに作成

ける成績も重視されます。

いずれにしても、大学、もしくは大学院における成績が特に優れていて、将来、「高度の専門性を要する職業」などで活躍できる高い能力を備えていると認められることが条件です。

そのため、実際に第一種を借りようと思っている人は、自分の大学での成績ではどうなのかを、進学を考えている大学院の奨学金の窓口に問い合わせるのが近道です。

家計基準はどうなるか

大学院向けの第一種を受けるための家計基準では、本人の収入（定職、アルバイト、父

大学院向け第一種の収入基準額

修士（博士課程前期）	博士（博士課程後期） ※博士医・歯・薬（6年制学部卒）・獣医学課程
299万円　（※ 389万円）	340万円　（※ 442万円）

・JASSO 資料をもとに作成
※研究能力が特に優れている人、特別な事情があると認められる人などについての収入基準超過額の許容範囲

母などからの仕送りや給付、奨学金、その他の収入により本人が1年間に得た金額）と、結婚している人なら配偶者、つまり夫や妻の収入の金額の合計額が、上表に示す金額以下のときに選考の対象となります。

「学ぶ意欲」があれば第二種はたいてい受けられる

第一種と比べると、利息がつく第二種を借りるための基準はいくぶんか緩やかに設定されています。細かく書くと次ページの上の表のようになりますが、ポイントは、「大学院における学修に意欲があり、学業を確実に修了できる見込みがあると認められること」という文言が追記されていることです。ようするに、**学ぶ意欲があれば第二種を借りることは可能**ということです。

この学力基準からもわかるように、修士課程でも博士課

大学院向け第二種の学力基準

―修士・博士前期課程（専門職大学院、法科大学院も含む）―

・大学並びに大学院における成績が特に優れ、将来、研究能力または高度の専門性を要する職業等に必要な高度の能力を備えて活動することができると認められること。
・大学院における学修に意欲があり、学業を確実に修了できる見込みがあると認められること。

―博士・博士後期課程または博士医・歯・薬（6年制学部卒）・獣医学課程―

・大学・大学院における成績が優れ、将来、研究者として自立して研究活動を行い、またはその他の高度に専門的な業務に従事するのに必要な高度の研究能力を備えて活動することができると認められること。
・大学院における学修に意欲があり、学業を確実に修了できる見込みがあると認められること。

・JASSO資料をもとに作成

程でも、大学院で学ぶ意欲さえあれば、第二種を受けることはできます。次に家計基準を確認しておきましょう。

第二種の家計基準は？

本人の収入（定職、アルバイト、父母などからの仕送りや給付、奨学金、その他の収入により本人が1年間に得た金額）と配偶者、つまりは夫や妻の収入金額の合計額が、次ページの表に示す金額以下のときに第二種奨学金の選考対象となります。

大学院向け第二種の収入基準額

修士（博士課程前期）	博士（博士課程後期） ※博士医・歯・薬（6年制学部卒）・獣医学課程
536万円	718万円

・JASSO の資料をもとに作成

大学院向け第一種と第二種「併用」の収入基準額

修士（博士課程前期）	博士（博士課程後期） ※博士医・歯・薬（6年制学部卒）・獣医学課程
284万円	299万円

・JASSO 資料をもとに作成

第一種と第二種の併用の場合の基準は？

第一種と第二種の併用の学力基準は、第一種を借りるときの学力基準と同じです。

家計基準は上表のとおりで、第一種の収入基準額（186ページ）よりも厳しくなっている点に留意が必要です。

Check

大学院奨学金の「返還免除」制度を知っておこう

ＪＡＳＳＯが大学院を対象にしている奨学金では、「返さなくていい」給付型はありませんが、**大学院向けの奨学金で、第一種を受けている人については、大学院在学中に優れた研究成果を上げると「返還が免除」になる制度**があります。

大学院で第一種を借りている人の中から、在学中に「特に優れた業績」を上げた人に対して、貸与期間終了時に「奨学金の全部、または一部の返還を免除する」制度です。

「特に優れた業績による返還免除制度」と呼ばれています。大学院でＪＡＳＳＯの第一種を借りていて、この制度を利用しようと申請してきた人の中から審査によって選ばれます。選ばれる人数は、大学院で第一種を借りている人の「3割を上限」としています。そのため、特に優れた業績を上げた人が多くいて、しかも申請してきた人が多い場合、全員が認められるわけではないしくみであることは知っておきましょう。

学問分野だけでなくスポーツや芸術分野も含めて「約3分の1」が免除に

前ページで紹介した「特に優れた業績による返還免除制度」のポイントは、学問分野での研究成果だけでなく、例えば文化・芸術の分野で発表した作品が高い評価を得る、スポーツにおいて記録を出すなど「文化・芸術・スポーツ」におけるめざましい活躍をはじめ、ボランティアなどでの顕著な社会貢献なども評価の対象となるということ。

いずれのケースでも、この制度を申請するには、大学院で第一種を借りている本人が、貸与終了するときに大学長に願い出て、大学長からJASSOに推薦してもらう必要があります。なお、大学院博士課程に入学し、その入学年度において第一種奨学金に採用された人には、奨学生採用時にこの返還免除候補者の内定ができるようになっています。

ちなみに2016年度実績では、大学院での第一種の貸与終了者2万6987名のうち、学業・文化・芸術・スポーツなど合わせて「約3分の1」にあたる8096名が「免除」の認定を受けています。そのうち全額免除は約2700名でした。

始めておくこと６

大学院向け奨学金の申し込み方法、スケジュールを確認しておく

予約採用は進学先の大学院を通じて。予約採用していない大学院も

予約採用を申し込む場合は、「進学先の大学院」で申し込むことになります。予約採用を行っていない大学院は、大学院進学後に「在学採用」で奨学金を申し込みます。予約採用を実施しているかどうかは、進学予定の大学院の奨学金担当窓口に確認してください。

申し込みの時期は大学４年の９月・11月・１月が一般的

予約採用を実施している大学院では、**通常、大学４年の９月・11月・１月頃に予約採用**

の申し込み受け付けがあります。ただし、この日程も大学院によって異なります。進学予定の大学院に予約採用実施の有無とあわせて、実施する場合にはいつ頃に申し込み締め切りがあるのか、スケジュールを確認するようにしてください。

また、大学院によっては、奨学金の希望者を対象に説明会も開催しています。奨学金の説明会の日程も予約採用の申し込みの日程も大学院によって異なります。

こうした情報は自分で確認し、奨学金を受けるための手続きに遅れないようにしてください。

在学採用は進学先の大学院を通じて、毎年「春」に

在学採用の申し込みは、進学した大学院を通じて行います。募集と申し込み時期は、原則として入学後の4月頃ですが、大学院によって異なります。在学している大学院に必ず確認して、申し込みの期限を過ぎてしまわないように注意してください。

海外留学

始めておくこと１

海外留学向けの奨学金の種類を確認しておく

アメリカなら１年で６００万円、中国なら１８０万円程度

海外への大学や大学院への留学を考えたとき、真っ先に気になるのは「いったい費用はどれくらいかかるのか」ということ。これは、短期留学や長期留学といった留学する期間や、どの国のどの大学に留学するか、といった留学先によっても異なります。

また、留学の形態によっては、例えば、大学の協定校への留学であれば留学先での授業料はかからないといったケースもあります。

そのため、留学にかかる費用はケースバイケースとなってしまうのですが、例えばアメリカの大学への留学の場合は、1年間の留学で450万~600万円程度、中国では1年間で100万~180万円程度といわれています。また、留学先が物価水準の高い国であれば、当然、生活費もかさみますし、一方では、ノルウェーなど留学生の授業料が無料の国もあります。

ただし、これらは授業料と生活費、住居費の概算です。留学準備のためのビザ取得、現地の大学に試験や面接を受けに行く場合の渡航や宿泊の費用などは含まれていません。それらを合わせた費用がどの程度になるのかは、留学したい国と大学の候補を絞って、授業料や学生寮の費用などを調べていくことになります。

始めておくこと２

留学の準備をいつから、どうするかを確認しておく

１年半前くらいから「留学のための準備」を始める

留学の準備にかかる期間は、留学先の国・地域や教育機関、留学形態によって異なります。一般的には、**海外の大学に留学するケースでは、１年半くらい前から準備が必要**とされています。また、おもに**語学の習得を目的とした語学留学の場合でも、少なくとも半年〜１年前から準備に取りかかる**のがおすすめです。

海外の大学への留学を考えている人の場合、海外の大学が９月始まりが多いことを考えると、大学２年生の８月頃に出発して９月から留学先で学び、翌年７月頃までの約１年間を休学するといったパターンが考えられます。もちろん大学３年でも４年でも留学はでき

無理なく留学準備と奨学金を借りるためのスケジュール

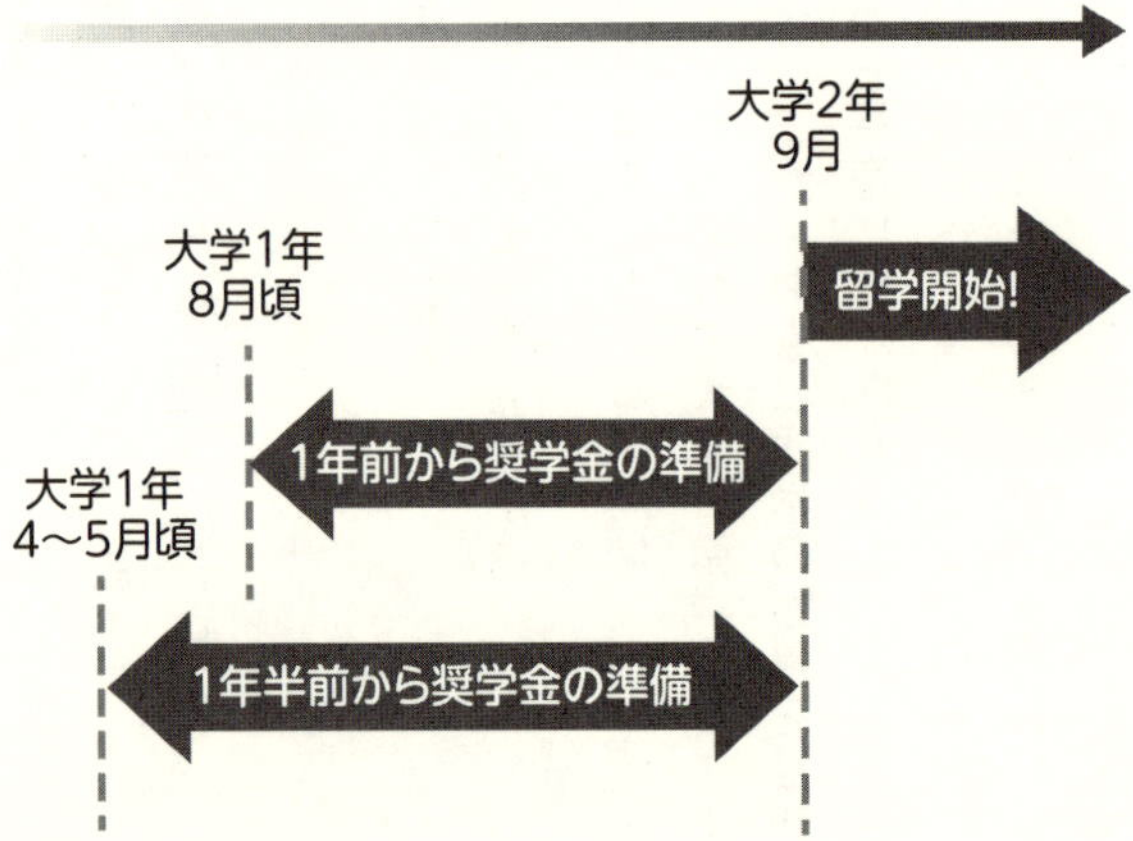

ますが、就職活動などへの影響を考えて2年生のときに留学をする人が多いようです。

その場合、留学する1年半前くらいからの準備が必要となると、大学に入学した頃から、留学を意識して準備を始めるのが理想的といえそうです。

留学の1年以上前に締め切る奨学金も。早めに大学を通じて確認

実際に奨学金を借りる場合には、その奨学金の応募の締め切りなどについて、必ず通っている大学の窓口に確認するようにしましょう。**JASSOの海外留学向けの奨学金は、原則、在学している大学の窓口を通じて申請**する仕組みです。海外留学の際に利用できる

奨学金は、いずれも募集時期や締め切りがまちまちです。大学が募集時期や締め切りを決めているケースもあるので、在学している大学の窓口で確認することを忘れないでください。

また、奨学金によって募集時期は異なるのですが、**留学先から正式な入学許可を得てからの出願では間に合わないことも少なくありません。**

先に、「留学準備は1年半くらい前から」と説明しましたが、奨学金を利用して留学を考えている人は、そのタイミングで通っている大学の窓口に相談するなどして、応募資格がある奨学金と、その申請スケジュールを確認しておきましょう。

始めておくこと3

海外留学向けの奨学金の種類を確認しておく

こんなにある 留学を支援する奨学金制度

留学にかかる費用やその準備にかかる時間などを確認したら、次はどんな奨学金があるのかを確認しましょう。ここではおもにＪＡＳＳＯの奨学金を紹介しますが、在学している大学、あるいは留学先の大学によって独自の奨学金が用意されていることも。さらには、政府が留学生受け入れのための奨学金を用意している国も数多くあります。ＪＡＳＳＯの海外留学支援サイトなどを参考にして調べることから始めましょう。

ここでは、ＪＡＳＳＯの奨学金制度を中心におもなものを紹介します。

【海外留学支援サイト】http://ryugaku.jasso.go.jp/first/

1 【海外留学支援制度（大学院学位取得型）】（給付型）

修士または博士の学位取得を目指し、海外の大学に留学する学生を対象とした「返さなくていい」給付型の奨学金です。申し込みは、原則、日本の大学を通じて行います。

この奨学金を利用して海外の大学で学位取得を目指す場合、留学先の大学院での研究で使用する言語はおもに英語となります。そのため、「ＴＯＥＦＬの得点がＰＢＴ（Paper-Based-Test）で６００点以上」など、高い語学能力が求められます。

その他にも、国内の大学院での成績の評価が、「優・良・可・不可」で考えると、８割から９割が「優」、残りが「良」であるほどの優秀な成績を残すことが求められています。厳しい採用基準のある奨学金です。

奨学金は月額14万8000円。
授業料として年間最大250万円

給付される金額は、月額８万９０００円～14万８０００円で、留学先の国・地域により異なります。

あわせて、授業料として年間250万円を上限とする「実費額」の給付を受けられます。2017年度は約100人がこの制度を活用して海外留学をしています。

1－2【第一種奨学金（海外大学院学位取得型対象）】（利息ゼロの貸与型）

先に説明した「海外留学支援制度（大学院学位取得型）」の採用者で、「給付を受けて」もなお「経済的支援を必要とする学生」を対象とした奨学金です。つまり、「海外留学支援制度（大学院学位取得型）」だけではお金が足りない人を対象としています。貸与型で卒業後には返還しなくてはなりませんが、「利息ゼロ」の第一種です。

申し込み方法は、留学前に申し込む予約採用と留学後に申し込む在学採用があります。

予約採用の人は、原則、日本での在籍校または出身校を通じて申し込みを行い、在学採用の人は、留学先に進学後に「JASSOに直接」申し込みを行います。

第一種奨学金（海外大学院学位取得型対象）の月額

課 程	月 額
修士（博士課程前期）相当	月額5万円または8万8000円
博士（博士課程後期）相当	月額8万円または12万2000円

・JASSO資料をもとに作成

家計基準は国内大学院の第一種と同じ。修士で月額5万か8万8000円

家計基準は、国内の大学院の第一種と同じです（184ページ）。ただし、大学院向け第二種を借りている人は、併用となりますので、併用の基準が適用されます。併用となる場合は、学力基準については第一種の基準が、家計基準については併用の基準が適用されます。

貸与月額は、上の表のとおりです。

2【海外留学支援制度（協定派遣）】（給付型）

大学間交流協定などにより海外の高等教育機関等に短期間（8日以上1年以内）留学をする人を対象とした「返さなくていい」給付型の奨学金です。各大学が海外協定校との間で締結している学生交流協定によって海外留学を考えている人を対象とした給付型の奨学金です。希望者は、在籍している大学を通じて申し込み、大学ごとに実施する協定プログラムの内容に準じて選抜されます。

留学先の地域・都市によって、月額6万〜10万円の範囲で給付されます。

2-2【第一種奨学金（海外協定派遣対象）】（利息ゼロの貸与型）

先に説明した「海外留学支援制度（協定派遣）」の採用者で、給付を受けてもなお、「経済的支援を必要とする学生」に貸与する奨学金です。つまり、「海外留学支援制度（協定派遣）」で受ける奨学金だけではお金が足りない人を対象とした奨学金です。

貸与型なので返還しなくてはなりませんが、「利息ゼロ」の第一種です。「3カ月以上1年以内の期間で短期留学」する人が対象で、申し込みは、日本の大学を通じて行います。

貸与基準は、国内の在学採用の第一種と同じです。第二種を借りている人は、併用となりますので、併用の基準が適用されます。

併用となる場合は、学力基準については第一種の基準が、家計基準については併用の基準が適用されます。貸与される金額は、国内奨学金の第一種と同じです（83ページ）。

3【第二種奨学金（海外）】（利息がつく貸与型）

国内の大学や短大、高等専門学校、専修学校の専門課程、高校を卒業したあとに海外の大学へ進学（入学または編入学）を考えている人を対象とした奨学金です。海外の大学、大学院の正規課程（学位取得課程）に進学するにあたって、経済的理由により修学が困難だと認められた場合に借りることができる、「利息がつく」第二種の奨学金です。

大学を休学するなど在学したまま留学を考えている人は、この奨学金を受けることはできませんので、その場合は次に示す「【第二種奨学金（短期留学）】（利息がつく貸与型）」を参考にしてください。

また、海外の短期大学などに留学する場合は、「海外の短期大学などを卒業後ただちに（1年以内に）学位取得（学士号）を目的に海外の大学へ編入する」場合に限り、この奨学金を受けられます。

予約採用と在学採用で申し込めます。日本国内の在籍校か出身校を通じて申し込みます。

第二種奨学金（海外）の家計基準

世帯人数	世帯構成例	給与所得者の世帯（年間の収入金額）	給与所得者以外の世帯（年間の所得金額）
3人	本人、父、母（無収入）	1009万円以下	601万円以下
4人	本人、父、母（無収入）、中学生	1100万円以下	692万円以下
5人	本人、父、母（無収入）、中学生、小学生	1300万円以下	892万円以下

・JASSO 資料をもとに作成

在学採用の場合は、留学先に進学後にＪＡＳＳＯに直接申し込みます。

大学によって申し込みの時期、予約採用の締め切り時期などが異なりますので、卒業見込みの人は在学校に、卒業した人は出身校に確認するようにしましょう。

貸与される金額は、月額3万円・5万円・8万円・10万円・12万円から選べます。

家計基準は上の表の通りです。

第二種奨学金（海外）の学力基準は？

第二種奨学金（海外）の学力基準は次のとおりです。

・国内の学校での第1学年から申込時までの学習成

績が、当該学校において平均水準以上であること。
・特定の分野において、特に優れた資質能力を有すると認められること。
・海外の大学における学修に意欲があり、学業を確実に修了できる見込みがあると認められること。

4【第二種奨学金（短期留学）】（利息がつく貸与型）

国内の大学などに在学している人で、外国の短期大学・大学・大学院に短期留学をするために奨学金を希望する人を対象としています。利息がつく第二種で、在学する学校長の推薦を得て短期留学をする前に申し込む「予約制」の奨学金です。

自分が在籍している大学が協定を結んでいる海外の大学で、しかも、短期留学によって取得した単位が、自分の大学における単位としても認められることが条件になっています。

貸与される金額は、月額3万円・5万円・8万円・10万円・12万円から選べます。

5【官民協働海外留学支援制度～トビタテ！留学JAPAN日本代表プログラム～】（給付型）

日本国内の企業や団体からの支援により「産業界を中心に社会で求められる人材」「世界で活躍できる人材」の育成を目的とした「返さなくていい」給付型の奨学金です。

2020年までの制度なので、**海外留学を考えるなら「最優先で検討したい」制度**です。日本の大学、大学院、短期大学、高等専門学校、専修学校（専門課程）、高等学校に在籍する学生・生徒を対象としています。留学プログラムごとに、給付を受けられる金額が異なります。申し込みはインターネットによる「オンライン申請」です。

国や地域によって金額が異なりますが、例えば、JASSOの大学向けの第二種の家計基準（84ページ）を満たす人であれば、奨学金として月額12万円か16万円、留学準備金として15万円か25万円、授業料として30万円か60万円の支給を受けることができます。第二種の家計基準を満たさない人でも応募できる「オープンコース」もあります。

仮に、1年間、留学する人で、奨学金として月額16万円、留学準備金として25万円、授業料として60万円の支給を受けると、総額で最大277万円まで支給される計算になります。詳細は、文部科学省のホームページで確認できます。
http://www.tobitate.mext.go.jp/

第4章 「大学院進学」「海外留学」で奨学金を活用するためのポイント

□大学院進学を考えているなら、大学入学時から備えを始める

□大学院でかかる全費用を知っておき、各種奨学金の受けとり条件を確認しておく

□海外留学を考えているなら、留学する1年半前から準備を始める

第5章

ＪＡＳＳＯ（日本学生支援機構）以外の奨学金を賢く探す

——上手に選んで、早めに動けば、親も子どももラクになる

◇いま、さまざまな団体が給付型奨学金を提供している

JASSOで借りられなかった、あるいは足りない場合に

JASSOでは2017年度から「返さなくていい」給付型を新設し、2018年度にはその枠を拡大します。ただし、申し込んだ人が全員、給付型を受けられるわけではありません。

JASSOの給付型を申し込んだのに受けられなかった、あるいは、給付型を受けても大学生活にかかる授業料や生活費には足りないという場合、多くの人は「利息ゼロ」の第一種、もしくは利息がつく第二種を借りることになります。

そんなときに、「JASSO以外の給付型」に申し込むことも検討してみましょう。

もちろん、大学独自の給付型や地方自治体の奨学金もありますが、それらは、「その大

学に進学した人」、もしくは「その地方や地域に住民票がある人」でないと申し込めないといった、なんらかの制約があることがほとんどです。

そこで、この章では、そういった制約が比較的少なく、多くの人が申し込める給付型の奨学金を紹介します。

高校3年の9～10月に「予約」で申し込むものも多い

ＪＡＳＳＯ以外の給付型を申し込むときに注意したいのが、申し込みの時期です。**高校3年の9月～10月頃に申し込むなど意外に締め切りのタイミングが早いものもある**からです。

ＪＡＳＳＯ以外の給付型を検討している人は、まずは、高校3年の9～10月頃のタイミングで申し込みをしておくのがおすすめです。

もし、ＪＡＳＳＯの給付型や貸与型を受けられるようになって、それとあわせてＪＡＳＳＯ以外の給付型も受けられるようになったら、返還義務のある貸与型を減額する、もしくは、毎月の奨学金から一定額を貯金に回して貸与型の繰上返還にあてるなどすれば、将来の返還負担を軽くすることができます。

ＪＡＳＳＯ以外の給付型は、〇〇財団や〇〇基金など、公益法人と呼ばれる機関が提供しているものが多いようです。そのためか、学業成績表などによる書類選考の他、面接などをして本人の「人となり」をしっかり確認してから給付するかどうかを決定するケースがほとんど。なかには、課題論文を採用基準としている奨学金もあります。

なお、不運にも大学に合格できなかった場合には、たとえ奨学金を受けられるとなっていても、受けとることはできなくなります。その場合でもキャンセル料金などはかからないのが一般的なので、申し込みだけはすませておくほうが安心です。

それでは、213～217ページで、おもな給付型の奨学金を紹介しておきます。学業成績については、明確に「評定平均3・5以上」などと基準を示しているものは少ないのですが、そのような記載がなくても、学業成績が優秀であることは基準の一つとして書類選考等の対象となります。

1　高校３年時に予約採用で申し込む奨学金の一例

■公益財団法人コカ・コーラ教育・環境財団 http://www.cocacola-zaidan.jp/index.html	
応募資格・条件	大学（夜間・通信・短大を除く）進学予定の高校３年生で、経済上の理由により大学に進学が困難な事情にある人。
申し込み時期	毎年９月頃
給付額と期間	月額１万5000円を４年間（正規の最短修業年限）
審査	書類選考・面接
備考	他の奨学金制度との併用可。国籍不問。

■公益財団法人石橋奨学会 http://www.isibasif.or.jp/bunsyo/2018youkou.pdf	
応募資格・条件	４年制以上の大学への進学予定者（高校３年生、卒業生含む）で、家計基準は「前年度の総収入金額が700万円以下」、もしくは、「扶養者の死亡などにより次年度以降の学資の支弁が困難と認められる場合」。
申し込み時期	毎年12月頃
給付額と期間	月額４万4000円～６万円を４年間（正規の最短修学年限）
審査	書類選考・学科試験・面接
備考	兄弟姉妹との重複は不可。大学での学業成績表、生活状況報告書などの提出義務あり。

2　大学進学後に在学採用で申し込む奨学金の一例

■一般財団法人野﨑わかば会 http://www.nozaki-wakaba.or.jp/youkou.html	
応募資格・条件	国内の大学等の学生で、成績優秀かつ人物に優れ、経済的に学業の継続が困難と認められる人。
申し込み時期	毎年４月頃
給付額と期間	月額３万円（１年間）
審査	書類選考（在学中の大学を通じて申し込む）

■公益財団法人四宮育英奨学会 http://www.shinomiyaikuei.or.jp/	
応募資格・条件	国内の高校や大学（短大含む、２部や通信教育部は除く）、およびこれらに準ずる学校に在学していて、経済的理由によって修学が困難と認められるもの。
申し込み時期	毎年４月頃
給付額と期間	月額２万円（大学生の場合／給付期間４年間もしくは正規の最短修学年限）
審査	書類審査
備考	大学院生の申し込み、および兄弟姉妹で同時期の重複での申し込みは不可。

■一般財団法人ダイオーズ記念財団 http://www.daiohs-zaidan.or.jp/	
応募資格・条件	国内の大学・大学院の学生で、前年度までの成績がＧＰＡ（Grade Point Average）で3.00以上の者。給与収入世帯の場合は、世帯合計所得600万円未満、給与収入以外の世帯（自営業等）は340万円未満の人。
申し込み時期	毎年３月頃
給付額と期間	月額１万円（４年間、正規の最短修業期間）
審査	書類選考
備考	同法人が主催する年３回の報告会に出席できる人。

■公益財団法人山田育英会 http://www.yamada-ikueikai.or.jp/	
応募資格・条件	大学・大学院の新年度入学生で、出身学校長、大学学長、または学部長の推薦のある人。２年生以上は申し込めない。家計基準は３人世帯で給与所得者の場合は総年収 750 万円以下、給与所得者以外（自営業者等）の場合は総所得 600 万円以下。
申し込み時期	毎年４～５月頃
給付額と期間	月額大学生２万円、大学院修士課程学生２万 5000 円（正規の最短修業期間）
審査	書類選考・課題論文

■公益財団法人国土育英会 http://kokudoikueikai.or.jp/	
応募資格・条件	国内の大学、大学院に在学し、学業の維持のために奨学金の給与が必要と認められる人。家計基準では、世帯総所得額が 600 万円以下。学力基準では、大学１年次に申し込む場合は高校の成績証明書の評定平均値が 4.0 以上（５段階評価時）、大学２年次生以上では前年時のＧＰＡが 3.5 以上、もしくは成績評価値の総合点が80点以上に準ずる成績。大学院生では、大学、大学院における成績が優れ、将来、研究者または高度の専門性を要する職業人として活動する能力があると認められること。
申し込み時期	毎年４～５月頃
給付額と期間	月額１万 8000 円（４年間、正規の最短修業年限）
審査	書類選考・面接

■一般財団法人　大黒天財団 http://www.daikokuten.foundation/	
応募資格・条件	国内の大学、短大、専門学校またはそれに準ずる学校（私塾）の正規課程に在学している人で、学資の支弁が困難と認められる人。
申し込み時期	毎年４～６月頃
給付額と期間	月額５万円（１年間、継続申請可、最長４年間）
審査	書類選考・面接
備考	在学証明書、生活状況報告書、成績証明書の提出と当財団主催の行事に参加すること。

3　高校３年時でも大学在学中でも申し込める奨学金の一例

■社会福祉法人さぽうと 21 http://www.support21.or.jp/needsupport/scholarship-pp/top/	
応募資格・条件	大学院、大学、短期大学、専門学校、高等専門学校への進学予定者もしくはすでに在籍している人で、経済的な理由で就学が困難な人。
申し込み時期	毎年９～10月頃
給付額と期間	月額３万～５万円（１年間）
審査	書類選考・面接
備考	自らの研究もしくはこれからの研究に関する、未来への夢やビジョンを明解に語ることができること。本奨学金（ｐｐ奨学金）の広報に積極的に協力できること。

4　理系学部限定など特徴的な給付型奨学金の一例

■一般財団法人 鷹野学術振興財団 https://www.takano-zaidan.com/	
応募資格・条件	国内の大学の大学生、大学院生で「科学技術関係」を専攻している人。
申し込み時期	毎年４～５月頃
給付額と期間	月額５万円（１年間）
審査	書類選考・研究概要の紹介、小論文
備考	卒業後は製造業への就職を希望していること。

■公益財団法人森下仁丹奨学会 http://jintan-shogakkai.jp/	
応募資格・条件	国内の大学の大学生、大学院生で、経済的な理由から学業の継続が困難な人。家計基準はＪＡＳＳＯの第一種と同じ。学力基準は、大学１年次に申し込む人は高校３年間の評定平均が4.0以上(５段階評価)、２年次以上に申し込む人（大学院生含む）は前年までに標準修得単位を修得済で、前年度までの通算ＧＰＡが2.8以上。
申し込み時期	毎年３～４月頃
給付額と期間	月額３万円（４年間、正規の最短修業年限）
審査	書類選考・小論文
備考	ＪＡＳＳＯなど返還を要する貸与奨学金を除き、他の奨学金との重複受給はできない。

■公益財団法人戸部眞紀財団 http://www.tobe-maki.or.jp/	
応募資格・条件	国内の大学の大学３年・４年生、大学院生で、化学、食品科学、芸術学、体育学／スポーツ科学、経営学を専攻している人。
申し込み時期	毎年４～５月頃
給付額と期間	月額５万円（１年間、継続申請可、最長２年）
審査	書類選考・小論文
備考	成績証明書や在学証明書、奨学金受領書、近況報告書などの提出、本財団が行う交流会に出席しなければならない。

■公益財団法人フジシールパッケージング教育振興財団 http://www.fujiseal.co.jp/foundation/business/index.html	
応募資格・条件	応用化学（プラスティック製品)、機械工学、電気電子工学、高分子工学等の工学系およびデザイン関係の学部に学ぶ大学生、大学院生。
申し込み時期	毎年３～４月頃
給付額と期間	大学生月額５万円、大学院生月額６万円（いずれも正規の最短修業年限）
審査	書類選考・作品など

・各団体のホームページ情報(2018年3月10日時点)より作成

編集協力／タンクフル
マンガ／緒方京子
図版作成・DTP／エヌケイクルー

人生の活動源として

いま要求される新しい気運は、最も現実的な生々しい時代に吐息する大衆の活力と活動源である。

文明はすべてを合理化し、自主的精神はますます衰退に瀕し、自由は奪われようとしている今日、プレイブックスに課せられた役割と必要は広く新鮮な願いとなろう。

いわゆる知識人にもとめる書物は数多く窺うまでもない。

本刊行は、在来の観念類型を打破し、謂わば現代生活の機能に即する潤滑油として、逞しい生命を吹込もうとするものである。

われわれの現状は、埃りと騒音に紛れ、雑踏に苛まれ、あくせく追われる仕事に、日々の不安は健全な精神生活を妨げる圧迫感となり、まさに現実はストレス症状を呈している。

プレイブックスは、それらすべてのうっ積を吹きとばし、自由闊達な活動力を培養し、勇気と自信を生みだす最も楽しいシリーズたらんことを、われわれは鋭意貫かんとするものである。

―創始者のことば―　小澤和一

著者紹介
竹下さくら〈たけした さくら〉
ファイナンシャル・プランナー(CFP®)、1級ファイナンシャル・プランニング技能士。千葉商科大学大学院MBA課程(会計ファイナンス研究科)客員教授。兵庫県神戸市生まれ。慶應義塾大学商学部にて保険学を専攻。損害保険会社、生命保険会社勤務を経て、1998年にFPとして独立、現在に至る。「なごみFP事務所」にて主に個人のコンサルティングを主軸に、講演・執筆活動を行っている。二児の母。主な著書に『「教育費をどうしようかな」と思ったときにまず読む本』(日本経済新聞出版社)、『親と子の夢をかなえる! “私立”を目指す家庭の教育資金の育てかた』(共著、近代セールス社)などがある

「奨《しょう》学《がく》金《きん》」を借《か》りる前《まえ》に
ゼッタイ読《よ》んでおく本《ほん》

青春新書 PLAYBOOKS

2018年4月15日　第1刷

著　者　竹《たけ》下《した》さくら

発行者　小澤源太郎

責任編集　株式会社プライム涌光
電話　編集部　03(3203)2850

発行所　東京都新宿区若松町12番1号 〒162-0056　株式会社青春出版社
電話　営業部　03(3207)1916　振替番号　00190-7-98602

印刷・図書印刷　製本・フォーネット社

ISBN978-4-413-21110-9

青春新書
PLAYBOOKS

人生を自由自在に活動する――プレイブックス

ガン、動脈硬化、糖尿病、老化の根本原因
「慢性炎症」を抑えなさい
熊沢義雄
「炎症」の積み重ねが血管や臓器を傷つけている！
P-1100

肺炎は「口」で止められた！
米山武義
「食後」よりも「食前」が大事、食べないときこそ歯磨きが必要…誤嚥性肺炎が4割減った歯の磨き方、口腔ケアの仕方があった！
P-1101

1日1分！ 血圧が下がる
血管ストレッチ
高沢謙二
玉目弥生
血流がよくなるから高血圧がみるみる正常化！
P-1102

体を悪くする
やってはいけない食べ方
望月理恵子
「朝食に和食」「野菜から先に食べる」「食物繊維たっぷり」…その食べ方、逆効果です！
P-1103

お願い ページわりの関係からここでは一部の既刊本しか掲載してありません。折り込みの出版案内もご参考にご覧ください。

青春新書 PLAYBOOKS

人生を自由自在に活動する——プレイブックス

「語源」を知ればもう迷わない!
大人の語彙力を面白いように使いこなす本
話題の達人倶楽部[編]
覚え方ひとつで忘れない! 自信が持てる! 「できる大人」の日本語教室。
P-1104

どんな人ともうまくいく
誕生日の法則
佐奈由紀子
仕事・恋愛・人間関係… 苦手な人がいなくなる! 気になる人の心のツボがわかる! 統計心理学でわかった〝6つの性質〟
P-1105

こんなに変わった!
小中高・教科書の新常識
現代教育調査班[編]
あなたが習った〝常識〟はもう古い!? 驚きの最新事情が満載!
P-1106

一目おかれる振るまい図鑑
ホームライフ取材班[編]
見た目がよくても、話上手でも好印象の決め手は、しぐさとマナー!
P-1107